1 MONTH OF FREE READING

at

www.ForgottenBooks.com

By purchasing this book you are eligible for one month membership to ForgottenBooks.com, giving you unlimited access to our entire collection of over 1,000,000 titles via our web site and mobile apps.

To claim your free month visit:

www.forgottenbooks.com/free365291

ISBN 978-0-332-42707-2
PIBN 10365291

EDMOND PILON

SOUS L'ÉGIDE
DE
LA MARNE

HISTOIRE D'UNE RIVIÈRE

ÉGIDE : bouclier; défense ; appui ;
ce qui met à couvert. (*Diction-
naire* de RIVAROL).

32 GRAVURES HORS TEXTE

ÉDITIONS BOSSARD

43, RUE MADAME, 43
PARIS
1919

A Maurice RENARD

CHAMPENOIS

FONTAINE DE LA RUE DE GRENELLE, ÉLEVÉE PAR

SOUS L'ÉGIDE
DE LA MARNE

ÉGIDE : bouclier ; défense ; appui ;
ce qui met à couvert (*Dictionnaire* de
RIVAROL).

INTRODUCTION

A quelque distance de la Seine, sur la
rive opposée à celle des Tuileries,
rue de Grenelle Saint-Germain, s'élève la
fontaine monumentale due au ciseau
d'Edme Bouchardon. Le lieu, vraiment in-
digne d'elle, dans lequel cette fontaine se
dresse, est bien le plus rétréci, le plus
étranglé qui soit. Le passant, indifférent
pressé, ne prête que peu d'attention à cette

— esquissait, au fur & à mesure qu'ils ve-
naient se placer à ses côtés pour admirer
la fontaine, les silhouettes du crocheteur
avec son crochet, de la petite Javotte reve-
nant du marché avec ses provisions, de la
vendeuse de pommes & de ce gamin
savoyard qui vend, *à la fraîche! à la
fraîche!* des eaux de citron pour désaltérer.
Quant aux petits polissons, à peu près
dévêtus, jouant à la fossette & se bouscu-
lant jusque dans ses jambes, Edme Bou-
chardon ne laissait pas de les admirer &
de les dessiner ; &, ce sont eux, les fri-
pons enfants, que nous voyons encore
aujourd'hui paraître, à droite & à gau-
che de l'ouvrage achevé, dans les bas-re-
liefs.

La fontaine de la rue de Grenelle, l'un
des monuments les plus parfaits de Bou-
chardon & sans doute de la statuaire en
France, représente, en son motif principal,
&, selon Caylus, « la ville de Paris, assise
comme l'ancienne ville de Rome ; elle est
de marbre & reçoit les hommages de la

Seine & de la *Marne* qui sont de la même matière ».

Etendue avec nonchalance entre les roseaux, parmi des *iris* qu'écartent en nageant des canards de rivière, la figure de la Marne, appuyée avec grâce, n'a pas l'allongement ni le tour finement païen des belles nymphes que Jean Goujon a dressées, aux Saints-Innocents ; mais, sa taille libre, son sein ferme, « la souplesse & le beau coulant de ses contours » sont si bien modelés que Mariette ne pouvait se défendre d'observer que, sous la dureté du marbre, on découvre « la finesse & la sensibilité de la chair ». Cette finesse, cette sensibilité & cette grâce même dans le geste & la pose donnent bien la représentation de cette rivière vivante, d'une personnalité vraiment française & que nous ne saurions assez aimer.

Dans une description manuscrite qu'il a laissée de son ouvrage, Edme Bouchardon explique lui-même qu'il a eu le dessein de montrer ici la *rivière de* Marne « uniquement occupée du soin de *répandre* ses eaux bienfaisantes dans la ville, d'y procurer l'abondance & d'y faire fleurir le commerce ».

Au moment de l'inauguration du monument, survenue en 1745, après six ans de travail, Michel-Etienne Turgot, prévôt des marchands & les échevins du conseil de ville se montrèrent si satisfaits de l'œuvre du sculpteur qu'il n'est pas de marques de leur estime dont ils ne cherchassent alors à combler celui-ci. Pour nous, qui plus que nos pères encore, avons tant de raisons d'aimer & d'honorer la Marne, & qui savons bien que cette rivière n'est pas seulement belle mais courageuse, nous ne pouvions mieux faire, pour donner plus de relief à ces pages, que de dresser ici la figure vivante que l'enfant de Chaumont-en-Bassigny, le riverain qui grandit à son murmure, éleva comme à la plus française de nos nymphes des eaux.

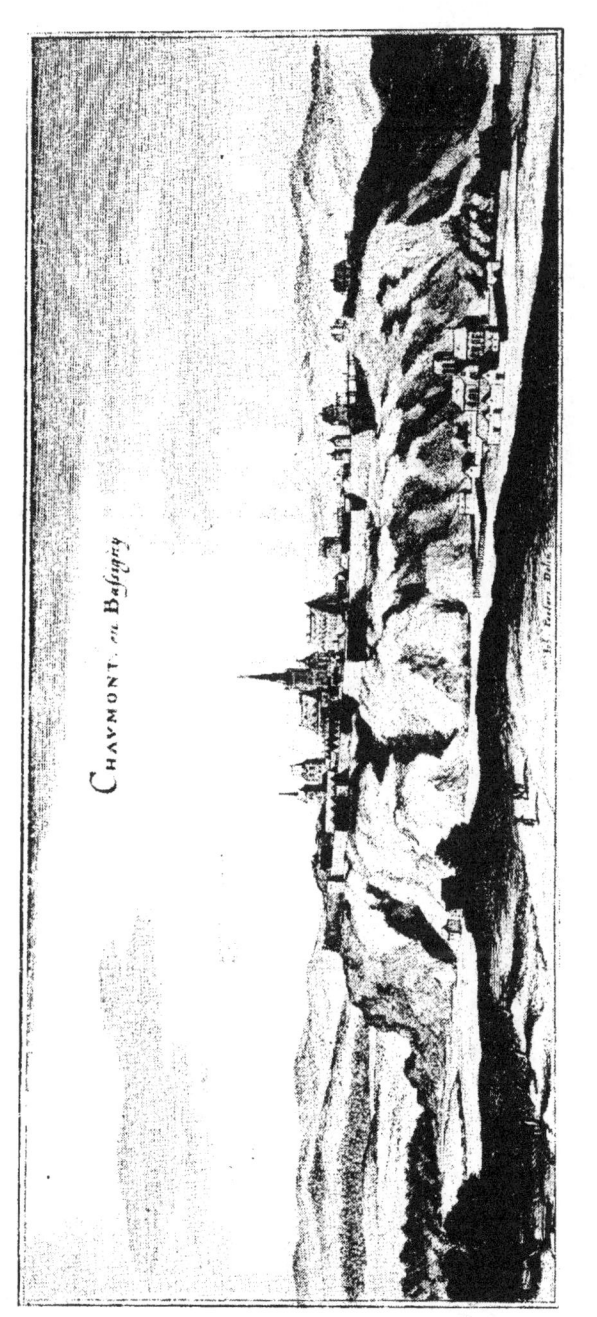

CHAUMONT, ou Bassigny

CHAUMONT (HAUTE-MARNE)
Vue ancienne (d'apres la gravure de Delin).

I

LA MARNE, RIVIÈRE FRANÇAISE. — MATRONA : BONNE & BELLE DAME. — LA PROTECTRICE.

A la fin du mois de juillet dernier, alors que l'armée Gouraud, rétablissant de Château-Thierry à Reims la situation militaire menacée, venait de dégager Epernay, les Allemands, contraints pour la seconde fois au recul sur la Marne, ne tardèrent pas (faisant contre mauvaise fortune bon cœur) à manifester leur mécontentement contre une rivière d'un abord si difficile. A cette question : Qu'est-ce que la Marne ? *& dès la nouvelle de ces désastres, la vénérable* Gazette de Voss *répondit, avec une évidente mauvaise hu-*

meur : « *La Marne n'est pas autre chose qu'une certaine quantité d'eau qui coule entre des collines boisées ou non boisées, à travers de larges marécages* ». &, elle ajoutait, la bonne dame aux besicles embuées par la haine & par le dépit : « *Cette rivière n'a aucune signification en un temps où il s'agit de victoires militaires et non d'expressions géographiques* ». *Le renard de La Fontaine, qui avait tout de même plus d'esprit que la* Gazette, *avait dit lui aussi, jadis, mais plus galamment, les mêmes choses. C'est quand, apercevant dans ce décor si vaste & si nuancé de la Champagne, tout en haut d'une treille dorée*

Des raisins mûrs apparemment,

il avait, haussant son échine fauve, feint le dégoût, détourné son museau pointu & dit : « Ils sont trop verts ».

Trop verts pour les armées de von Klück en 1914 et pour celles du Kronprinz en 1918, voilà ce qu'ont été aussi ces flots de la Marne; moins torrentiels et moins limoneux que ceux du Rhin, mais — pour nous — d'un reflet si

COURS DE LA MARNE

Vue des Côtes noires --

limpide d'émeraüdë &, d'Epérnay à Châtéau-
Thïerrÿ, dé Châtéau-Thïerry à Meaüx, d'ünë
eaü si trañsparéñte.

Là Chämpágñe exquïsé, fertile oü (süivänt
lés cántoñs) désolëe de Didéröt, dé Là Föñtaïñë,
de Joinville, les soüriäñts grañds höṁṁes,
ṁáis äussi plus gràve de Näpolëon & dé la
campagne de France, de Gallieni, dé Gou-
räud, est ici dèvant ñous, iñclíñéé sür ces
bords, pëñchéé sür ces eaux changeäñtés &
mütines ṁais äussi güerriérés. Voÿéz : là
c'ést le Bássigñy, là c'est le Vallage, ùn peü
plus avänt lé Perthóis & eñfin (aprés le süd
du Remois), là Brïe & le pays multieñ. & pàr-
toüt, à l'iñfini (sauf dañs la loñgüe pláiñe
crétâcéé de la Chaṁpâgne pouilleuse) čé soñt
des ruchérs, des pâturáges, dés vignoblés,
des jardiñs, des lignes d'ärbres eñfermant dé
loñgs éspaces ; &, pàrtout la gràce, pärtout
la force.

Nömmant la Chäṁpâgñe, čette Chaṁpägne
oü il ñ'ÿ ä pàs un châtëau, pàs un village &
pàs üne fermë, noüs poürrions dire : pas üne
mottë de tërre, pàs une toüffe d'herbe ou un

tronc d'arbre qui n'ait sa signification, sa beauté & son histoire, Victor Hugo écrivait (le Rhin) : « Ne parlons jamais qu'avec respect de cette admirable province ». &, un peu plus loin, il ajoutait : « En 451, les plaines de la Champagne ont dévoré les Huns ».

Reparus en 1914 & en 1918, dans cette même Champagne, sous des visages d'Allemands, les Huns, deux fois de plus, ont vu la Marne, comme au temps d'Attila, se dresser contre leur avance ; deux fois de plus, la Marne a fait obstacle, sauvé Paris, sauvé la France. « La Marne, a dit l'été dernier, lors de la seconde grande victoire remportée dans cette région, l'homme d'État italien Orlando, la Marne a montré qu'elle est vraiment française. » De même que l'Oise ou l'Aisne, ainsi que la Somme, l'Ourcq ou la Meuse, elle, si placide en temps de paix, elle a été — depuis l'invasion — une belle guerrière, une naïade armée & casquée, couronnée de pampres. Dans cette grande bataille des rivières, ce combat sans merci de quatre années, où l'hydrographie (mêlée à la tactique) a eu sa part,

LANGRES (HAUTE-MARNE)

La Porte Saint-Didier

elle a su, elle aussi, brisant l'assaut furieux des Huns, opposer sa défense, élever son égide & mettre à couvert, avant qu'ils fussent livrés à la dévastation & au pillage, le vignoble champenois, la garenne des Fables, *tout le grand & beau pâturage où se dressent les meules, où paissent les bœufs & les troupeaux. La Marne !* Matrona *: voilà son nom. Cela veut dire la* Bonne dame, *la rivière mère & protectrice.*

Au moment où le pays est libéré, où les hordes, battues, traquées, refluent en désordre jusqu'au cœur de leur Allemagne, pensons à elle, la rivière doublement sainte, à jamais sacrée ; &, de même qu'André Chénier vanta la Seine & Mistral le Rhône, aimons la Marne, célébrons-la.

LA MARNE PAISIBLE : SES ASPECTS & SES DÉTOURS. — LES EAUX & LES FORÊTS.

D'abord, inclinons-nous au-dessus de son cours, penchons-nous entre les saules, écartons les roseaux & cherchons le visage de la rivière. Ce n'est pas, comme celui des nymphes du Rhin, le visage d'une nixe ou d'une Loreley couronnée de fucus & de goémons ; mais, à travers les iris, sous les nénuphars, à l'ombre des ormilles, c'est une figure claire & radieuse, infiniment calme & douce. La Marne, la « paisible », a dit Reclus. &, c'est bien ainsi qu'elle apparaît d'abord, aussitôt sa source.

JEAN DE LA FONTAINE

(Gravé par Pauquet, d après Lebrun.

Stendhal, qui était curieux de tout, des beautés de la nature autant que de celles des jeunes femmes, est venu ici, une fois, en touriste. Il a gravi « la colline sur laquelle Langres est perché » ; il a dit comment un homme fort poli qui se promenait à Blanche-Fontaine (*l'une des plus belles promenades de Langres*) *en même temps que lui, lui indiqua « la montagne où prennent leurs sources la Marne & la Meuse». &, dans des lignes fort poétiques, il exprima son enchantement ; il dit* (Mémoires d'un touriste) *son bonheur de découvrir, au-dessus de Langres, la vue étendue avec les détours, & ces deux traits bleus des rivières, à peine visibles à cet endroit & se dirigeant, l'une (la Marne) vers Joinville en Champagne, l'autre (la Meuse) vers Domremy en Lorraine.*

La légende veut qu'ici, auprès de Langres, non loin des sources de la Marne (on dit : les sources, car elles sont trois !) se trouve la grotte accueillante où vécurent, dit-on, loin du monde & de la colère de César, le proscrit gaulois Sabinus & sa femme Éponine. A

proximité, de pieuses mains ont creusé, dans
une excavation, une sorte d'autel dédié à la
Vierge. Ainsi, bien avant que de se diriger,
par détours & par boucles, vers Notre-Dame
de Châlons, Notre-Dame de l'Épine &, de
loin par voisinage, vers Notre-Dame de
Reims, la rivière emprunte — Notre-Dame de
la Marne ! — à la vierge de Langres, un peu
de ses traits & de sa beauté.

Nos yeux, autant que ceux de Beyle, de-
meurent éblouis & charmés de tant d'images
pieuses, de rappels de légendes. La Marne
naît là ; non loin de la ferme de la Marnotte,
elle jaillit des pierres. Elle est, dans cet en-
droit, menue, infime &, dès le moulin de Bâ-
lesme, un ru plutôt qu'une rivière ; mais,
bientôt, elle va grossir, s'enfler, &, de chan-
tante, de cristalline qu'elle est à sa source, elle
va se faire plus étendue, plus grave &, durant
les cent vingt-trois lieues qui la conduisent de
Langres aux abords de Paris, peu à peu & par
degrés, elle va devenir le grand beau fleuve
aux détours pleins de caprice, au débit lent,
aux molles rives & qui s'insinue entre les co-

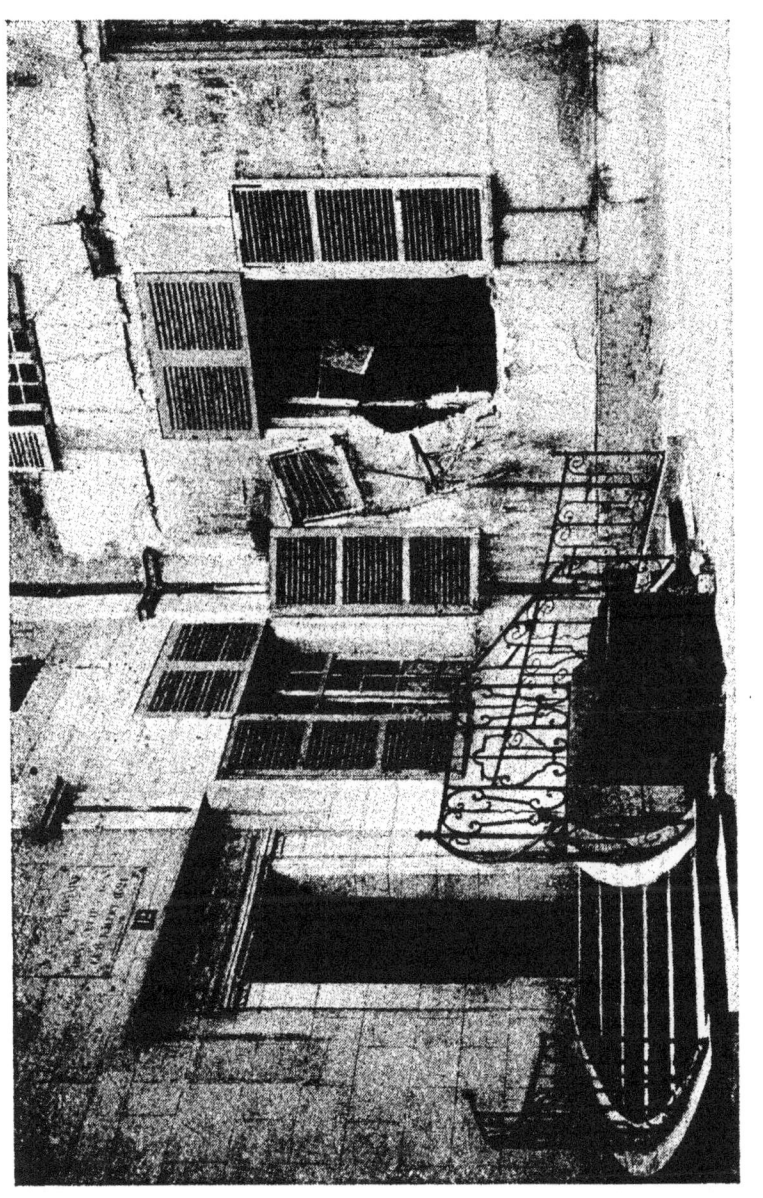

CHÂTEAU–THIERRY

La Maison de La Fontaine après les combats de 1918.

teaux, le long des vergers & sous les ponts, avec nonchalance. A mesure que se poursuit cette avance, des eaux lui viennent, les eaux des rivières ses filles ! Ces affluents, ces menus cours offrent, pour la plupart, aussi bien qu'elle, des noms caressants, murmurants, un peu jaseurs : la Mouche, la Traire, la Suize, la Blaise, la Moivre, la Beuvronne ; &, ceux-ci, aux sonorités encore plus sourdes, comme étouffées entre les herbes, sous les roseaux : la Somme-Soude, le Sourdon, le Flagot, la Semoigne, le Dolloir. Dans le bassin de la Brie & du Multien, la rejoindront les deux Morin &, enfin, l'Ourcq.

Partout & durant ce long cours, les eaux fraîches, les eaux nourricières & limpides de la Marne embellissent & enveloppent ces bords ; partout elles les fertilisent. &, comme elles sont actives, en même temps que paisibles, ces eaux généreuses ! Tantôt, comme à Château-Thierry, elles baignent des ponts ; elles mirent des châteaux comme à Joinville ; elles reflètent des vignes comme à l'Ay ou Epernay ; &, partout, elles portent des cha-

lands ; partout, des bateaux aux coques
peintes déchirent les flots, en avançant.

Mais, tutélaire aux vendanges, la Marne
ne laisse pas d'être propice aux moissons.
La Fontaine, sur ses bords, suivit en flâneur,
le travail des campagnes ; au temps de
l' « oût, foi d'animal », il a vu au flanc des
coteaux couper les épis, lier les gerbes. En
Champagne, en Brie, autant qu'en Beauce,
est le grenier français ; mieux qu'en aucune
autre région de nos provinces, il est ici

> Le sol du vin & du froment,
> Le beau royaume des charrues...

dont a parlé un autre poète (¹). *De tous*
temps, dans cette contrée, ont régné les meu-
niers & les mitrons (²). *Et quels lurons*

(¹) Louis Veuillot, Les chants de 1871.
(²) *Partout des moulins, partout des halles, souvent,*
comme à Lagny, une vieille Place du Marché-aux-
blés *caractérisent, dans toute la vallée, ce commerce des*
*grains. Déjà, au XVIII*ᵉ *siècle, l'auteur de la* Géogra-
phie de Crozat *assure, de la Brie champenoise, que*
« *son terroir est fertile en bled, vin & bois* ». *N'oublions*
pas non plus que, dans les Rieurs du Beau-Richard,
la comédie de La Fontaine, il y a un marchand de blé,
un meunier & son âne.

PORTRAIT DE WATTEAU PAR LUI-MEME

(D'apres la gravure de Boucher)

que ces boulangers champenois et briards ! Dès le XVIe siècle, l'un d'eux ne manque pas, alors que sa ville de Langres est assiégée par les Impériaux, de découvrir la mèche qui devait allumer le feu, brûler l'amorce & faire sauter, livrant le passage à l'ennemi, les portes mêmes de la ville. Enfin dans des temps plus proches (si proches qu'ils sont d'hier !) en 1914, c'est encore un boulanger, le boulanger de Puisieux, au nord de Meaux, qui ne voulut pas quitter son village sans emporter sa farine ; il la chargea dans une guimbarde traînée par un cheval ; &, à hue ! *&* à dia ! *en poudreux équipage, le voilà parti avec les habitants, pendant que l'ennemi approche. A chaque halte, dans d'autres villages, le soir quand on campait, le boulanger allait au four communal, empruntait le fournil d'un confrère & cuisait son pain. C'est ainsi que les gens de Puisieux, grâce à leur vaillant mitron, toujours nourris & toujours forts, purent accomplir jusqu'au bout leur exode* (¹).

(¹) *Relaté par* M. LEBERT, *dans sa brochure :* Puisieux, *parue à Meaux.*

A Meaux, grand centre & minoterie de toute la Brie & du Multien, le blé afflue dans les moulins. &, pour eux — ces moulins —, ces bons vieux moulins coiffés & vêtus d'ardoises, ils se dressent toujours là, au bord de la Marne, tels que Gérard de Nerval, le poète exquis de l'Ile-de-France, put jadis les admirer « aux rayons du soleil levant »!

A la fois Cérès & Bacchante, mère des moissons & déesse des raisins, la Marne est aussi la dryade inclinée sur les bois. Le Chêne & le roseau *du fabuliste ont grandi sur ses rives, bercés par le vent.* Maître des Eaux & Forêts, *voilà, en effet le titre de Jean de La Fontaine, la charge officielle que le père du poète transmit à son fils en le mariant. &, parce qu'il fut à la fois le Maître des Forêts & le Maître des Eaux, le* Bonhomme *pensif, le* fablier *délicieux ne cessa, durant toute sa vie rêveuse, d'aller des unes aux autres &, des bois, de passer aux rivages.*

Tout parle en mon ouvrage & même les poissons,

a écrit ingénument le doux Champenois, en

NOGENT-SUR-MARNE

Maison de l'Intendant Le Febvre où Watteau est mort

(D'après la gravure de Francueil, 1740.)

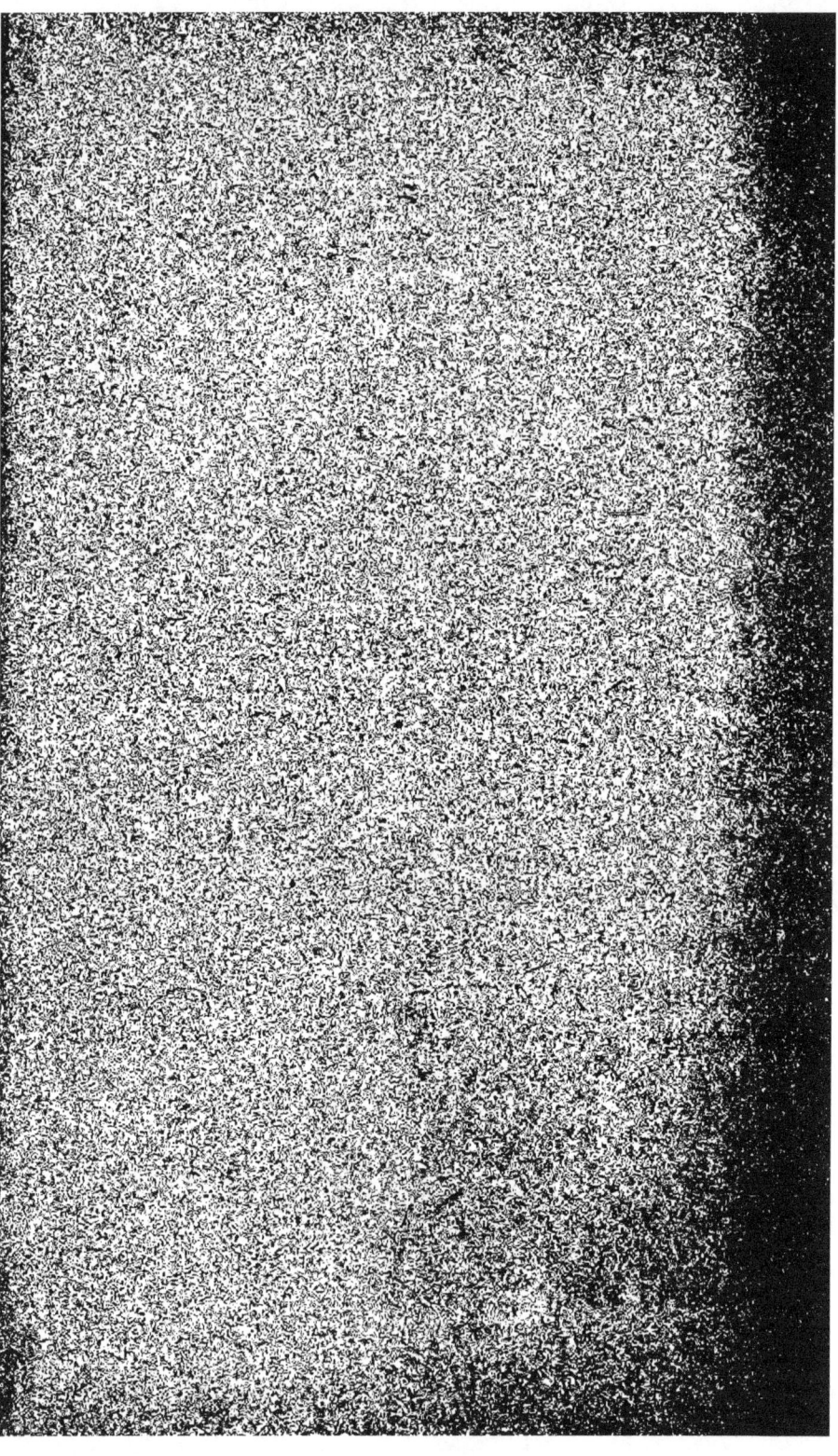

offrant, à Monseigneur le Dauphin, le bouquet de ses Fables. *&, dans une fable du livre X de son recueil, il a dit aussi de quelle façon devisaient, sous le regard des naïades, les* Poissons & le berger qui joue de la flûte :

Tircis...
Chantait un jour le long des bords
D'une onde arrosant des prairies...
Il tendit un long rets. Voilà les poissons pris.

Ces poissons éloquents, proie des pêcheurs, de son temps comme du nôtre, c'étaient — se jouant dans la Marne — de frétillants goujons, de glissantes ablettes, enfin, comme lui-même l'a dit, la « commère la carpe », toute gaie & folâtre, faisant mille tours « avec le brochet son compère » !

LA MARNE DES MUSES ET DES POÈTES. — LA BEAUTÉ DE SES BORDS. — SON PASSÉ ET SA LÉGENDE.

Il y a, dans l'Histoire de Saint Louis, *du bon Joinville, une émouvante et bien douce page. C'est quand le sire nous dit qu'il partit vêtu de la cagoule& le bourdon à la main, pour s'en aller à la croisade. &, dit-il, en pensant à la Marne & au château de ses parents bâti au bord,* « je ne voulus jamais retourner mes yeux pour que le cœur ne m'attendrît ». *C'est donc qu'il y avait là un charme, une poésie & une tendresse chers au cœur du pèlerin. Join-*

ville pensait, non sans désolation, au chagrin que ce serait pour lui de ne plus avoir bientôt, sous les yeux, le matin, en s'éveillant, ce plaisant bocage, ce coteau doré de vigne, ce doux & fin ciel, & ces eaux lentes !

De fait, malgré le tour narquois des esprits, les fabliaux & les vieux contes, il y a, dans cette vallée de Marne, un peu partout répandu, un air fin & subtil, cet air délicat, nuancé, qu'ont respiré Rutebeuf & Joinville, que le comte Thibaut a fait vibrer avec sa lyre & dont Taine, à propos du fabuliste, a montré que c'étaient là « les sources de poésie ». Voilà, dit Taine, ayant nommé la rivière se glissant par lacets entre les aulnes, le long des forêts & des collines, « les beautés de notre paysage ».

Ce paysage, tout champenois, présente de l'ampleur & de l'horizon autant qu'un autre ; mais, il offre, en même temps, une intime grâce, quelque chose de bocager, de mutin, dont La Fontaine, sur les joues de Perrette & le visage de Margot, a retrouvé la fraîcheur & surpris le sourire. Le comte de Soissons, compagnon de Saint Louis, nous apprend comment le sire de Joinville & lui, de retour de la guerre sainte, aimaient par la suite, inspirés par un tel paysage, à se rappeler leurs exploits & à en deviser « dans la chambre des dames ».

Ces beaux & francs devis auxquels, selon le preux ami de Joinville, présidaient les Champenoises, ajoutent sur ces bords, le long de la rivière & dans les âges, un bien aimable et doux prestige. Depuis les belles du comte Thibaut qui tenaient ici des cours d'amour jusqu'aux reines & aux princesses de plus tard, les nymphes de la Marne, contemporaines de François Ier à Vitry-le-François ou du Vert-Galant à Damery, coiffèrent dans tous les temps, comme parées par Amyot, le chapeau de fleurs.

L'une des premières, dame Agnès Sorel, que les chroniqueurs appellent fort joliment « dame de Beauté », d'Issoudun & de Vernon-sur-Seine, vint régner sur ces bords. Le fief de Beauté s'élevait ici, au-dessus de l'île & du moulin du même nom, à Nogent-sur-Marne. C'était une terre provenant de

Charles V & sur laquelle celui-ci avait fait bâtir un château dont son petit-fils, Charles VII, fit don par amour à Madame Agnès. Si l'on en croit le touchant & harmonieux poète Eustache Deschamps, garçon de Champagne & voisin de la Marne, aucun lieu au monde n'était plus délectable & ne pouvait mieux convenir à une gentille dame. Selon lui, c'est

> ...à la fin du bois
> De Vincennes...

que le roi Charles avait fait élever le manoir de « Beaulté ».

> &, c'est bon droit, car moult est délectable :
> L'on y oit le rossignol chanter,
> MARNE l'enceint : les hauts bois proufictables
> Couvrent les daims...

Le poète, aimable, épris de fleurettes, chante, en détours gracieux du langage, les mérites de cette résidence où, dit-il, les cygnes, les biches, les paons & autres bêtes ajoutent à l'ornement des prés & « préaulx », bassins, moulins, fontaines, des vignes & des bois mêmes. De nos jours une inscription

*commémorative, plusieurs rues dominées de
grands arbres & portant les noms de
Charles VII, d'Agnès Sorel & du Val de
Beauté rappellent encore le souvenir lointain
& tendre de celle que Baïf appelle « Agnès
la Belle », qu'aima Charles VII & dont le
hennin ouvragé, la collerette de dentelle, la
taille flexible & les doigts fuselés, rayonnent,
au fond du passé de la légende, comme peints
adroitement par un habile maître.*

*Peintre, Mignard, l'était également ; &,
c'est lui qui retraça, en un portrait, au
XVIIe siècle, le visage de Mme de Bouillon,
châtelaine de Château-Thierry & l'une des
nièces de Mazarin. Drapée à ravir, les che-
veux retombant sur une blanche épaule &
frisés à l'italienne, Marie-Anne Mancini est
représentée par Mignard en « Muse » de
la Marne. N'oublions pas que Mme de
Bouillon protégea La Fontaine. Pour cette
jeune femme jolie, brune piquante & gaie, le
Bonhomme a écrit des Fables, composé des
Contes. Pour elle, comme plus tard pour
Mme de Conti, il a rimé les vers les mieux*

tournés, les plus respectueux & les plus
purs :

> Vous excellez en mille choses :
> Vous portez en tous lieux la joie & les plaisirs.
> Allez dans des climats inconnus aux zéphyrs,
> Les champs se vêtiront de roses. (¹)

Plusieurs écrivains, rappelant cette pré-
sence de Mme de Bouillon en Champagne,
disent que Marion de Lorme, également
Champenoise, était native de Châlons. Talle-
mant, qui s'arrête à ce détail, a décrit le
doux visage, la belle mine & les mérites
autres & charmants de cette « Galoise » à
tenter La Fontaine. Mais, Marion n'est pas
plus née à Châlons qu'on lui attribue qu'à
Blois qu'on lui désigna aussi comme berceau.
Le fait est qu'elle était fille de qualité, son
père étant baron de Baye, d'une petite sei-
gneurie en Champagne, auprès de Mont-
mort (²). Douxménil, son biographe, n'hésite

(¹) LA FONTAINE, A Mme de Bouillon (1687).
(²) *Exactement entre Montmort & Sézanne. Mont-*
mort, & son château en briques flanqué de tours, admi-
rable édifice du XVIe, est situé sur le Surmelin. Baye
est à proximité du cours du Petit-Morin. Sur la rivière

point à la faire naître à Paris, &, Jal, au fait de tant de vieux actes, ajoute qu'elle mourut dans cette même ville, rue de Diane ou des Trois-Pavillons, au Marais, « très près du lieu où elle avait poussé le premier cri ».

Le poète que Mlle de Lorme inspira le plus volontiers fut Jacques Vallée, seigneur des Barreaux, un épicurien qui, de tant d'attraits de cette contrée, devait estimer par-dessus tout les vignes bien plantées, drues & dont la récolte est favorable à tenir l'esprit éveillé, vif et bien parlant. De « nymphe », toutefois, Marion, qui fut sa dame, avait l'aspect & montrait la folâtrie.

Plus tard, quand Mme de Montespan et sa sœur l'abbesse de Fontevrault, exhalant un parfum de mondanité & souriant de se savoir belles, longèrent ces bords d'un fleuve pour venir visiter Bossuet en sa terre de Germigny elles furent, elles aussi, longtemps après Ma-

---

des Auges, affluent du Grand-Morin, s'élève Sézanne. Les trois pays, sur les trois rivières, affluents de la Marne, situent autant de points de l'histoire de ce grand bassin si fertile en souvenirs.

CHÂLONS-SUR-MARNE

La ville de Châlons et la rivière de Marne au XVIIᵉ siècle.

rion, des « nymphes » de la Marne. & qu'était-ce que cette Mme de Julienne sous les yeux de qui, à Nogent-sur-Marne, devant le plus beau décor & par un couchant de pourpre, Antoine Watteau, d'une main alanguie de malade esquissa, à la sanguine, quelques vues des îles heureuses (1), des bois argentés penchés sur le fleuve ? Mais la jeune & belle femme de Jean de Julienne, bourgeois cossu, riche marchand, le bon & intelligent amateur qui fit tant pour le maître.

Watteau fiévreux, Watteau agonisant, ne pouvait oublier que c'était pour Julienne qu'il avait peint son ineffable chef d'œuvre, cet Embarquement pour l'Isle de Cythère *dont l'esquisse est au Louvre & dont le ta-*

---

(1) Ce n'était pas seulement l'île de Beauté, la grande île Polangis plantée d'un parc ; mais les autres îles de la Marne en cet endroit ; l'île Fanac, l'île des Loups. Grâce au détail relaté dans l'une de ses causeries délicieuses, nous savons, par Maurice Donnay, qu'Albert Samain, le nostalgique & musical poète, se rendait parfois à Nogent-sur-Marne, chez des amis qui possédaient « une petite maison de canotiers dans l'île des Loups ». Ainsi, à peu de distance du domaine de Watteau s'éleva un instant le domaine du grand poète qui comprit si bien le grand peintre & le nomma dans ses vers.

bleau achevé se trouve actuellement en Prusse,
dans les collections de l'ex-Kaiser. Aussi,
de sa retraite au bord du grand fleuve, de
son fief de Beauté où l'a recueilli l'inten-
dant Le Febvre, le peintre admirable fait-il
savoir, par un court billet, à son ami cher :
« Vous me rendrez satisfait au-delà de mon
souhait, si vous me rendez visite d'ici à di-
manche ; je vous montrerai quelques ba-
gatelles comme les païsages de Nogent que
vous estimés assez pour cette raison que
j'en fis les pensées en présence de Mme de
Julienne... » *Mme de Julienne — nous l'ai-*
mons à croire — figure esquissée, parmi les
Belles Ecouteuses, dans l'une de ces « baga-
telles » dont Watteau a parlé ici en badinant.
Désormais, autant que Mme de Bouillon, elle
est, sur ces rives d'un fleuve, une naïade fran-
çaise.

Tantôt Iphigénie et tantôt Monime,
Adrienne Lecouvreur, autre fille de la Marne,
puisqu'elle vit le jour à Damery (& non à
Fismes comme on le crut pendant longtemps)
prêta son charmant & mobile visage au

Les rivières d'Oyse et de Marne mariant leurs eaux à celles de la Seine, devant le Louvre

(Gravé par Israël Sylvestre, 1654.)

*masque de Thalie. Champenoise, elle joua
dans le* Florentin, *la comédie du Champenois
La Fontaine. Sous les traits d'Hortense,
l'héroïne de cette pièce, la rouée & la mutine,
elle remporta — quelques jours avant d'être
frappée de la plus mystérieuse des morts, —
l'un des plus francs succès de sa vie de comé-
dienne.* « *Parfaitement bien faite, avec un
maintien noble & assuré, la tête & les
épaules bien placées, les yeux pleins de feu,
la bouche belle, le nez un peu aquilin, &
beaucoup d'agrément dans l'air & les ma-
nières* », *voilà de la façon dont on la repré-
sentait de son vivant. Morte (& d'une mort
si tragique puisqu'on présuma un empoison-
nement !) elle arracha encore bien des
larmes. Les vers les plus humains, les mieux
sentis que Voltaire ait jamais écrits sont
ceux où il peignit cette mort :*

Muses, Grâces, Amours dont elle fut l'image,
O mes dieux & les siens, secourez votre ouvrage !
Que vois-je ! c'en est fait, je t'embrasse, & tu meurs !

*Souveraine dans son art, elle déclamait à
la perfection, excellant à traduire au théâtre*

les accents les plus passionnés. « Elle enlevait ainsi les cœurs » dit Sainte-Beuve. Mais, lequel, celui de Voltaire excepté, valut jamais pour elle ce cœur tout inconstant mais hautain et fier du guerrier heureux, vainqueur à Fontenoy et à Lawfeld : Maurice comte de Saxe ? Devant lui, tout couvert de gloire & que la victoire avait choisi comme un dieu, elle se tenait rougissante, timide, discrète, mais, poudrée et coiffée à ravir, Manon de comédie prête à la révérence.

La dernière de ces bergères d'Opéra, de ces bergères à la Watteau & à la Lancret, Marie-Antoinette, ne fut-elle pas, à son tour, durant un bref instant, au rivage du même fleuve, une princesse aimable, frivole & un peu craintive ? C'était au moment de son mariage avec le Dauphin, plus tard Louis XVI. Elle était entrée en France par Strasbourg ; &, durant tout le chemin qu'elle eut à parcourir, dans la vallée de la Marne, particulièrement à Saint-Dizier & à Châlons, il n'y eut pas de fêtes qu'on ne lui fît, pas de triomphe qu'on ne lui ménageât.

DORMANS (MARNE)

L'eglise, monument historique, après le bombardement (1918).

A Saint-Dizier, deux escadrons de Royal-Dragons *se portèrent à sa rencontre. A Châlons, ce furent les Gardes du roi, &, nous dit M. de Nolhac, dans cette dernière ville, le soir, avant que Marie-Antoinette soupât, « il y avait eu feu d'artifice, illuminations, distribution de vivres au peuple &, inauguration d'une porte monumentale dont la Dauphine acceptait la dédicace »* ([1]).

Pauvre Dauphine, pauvre Reine ! Lors de la Révolution, au retour du voyage manqué de Varennes, elle repassa par cette même ville de Châlons ; mais, alors elle était prisonnière. De jeunes Châlonnaises ne venaient plus, cette fois comme jadis, lui présenter le compliment avec des fleurs ; mais, suivant toujours en berline (la fameuse berline qu'avait reconnue le maître des postes Drouet !) les quais au long de la Marne, elle ne tarda pas d'arriver avec le roi à Epernay.

([1]) *Cette dédicace portait les mots :* Perstet æterna ut amor. (*Que ce monument dure autant que notre amour.*) *Cette porte, qui subsiste encore à Châlons, est la porte Sainte-Croix.*

C'est là, que brisée, recrue de honte & de fatigue, tremblant pour ses enfants, pour Mᵐᵉ Élisabeth & pour elle-même, elle dut, à travers la foule compacte & menaçante, atteindre à l'hôtel de Rohan. « *La robe de Marie-Antoinette, raconte avec émotion M. Lenôtre dans son* Drame de Varennes, *avait été déchirée dans la bagarre &, elle cherchait tant bien que mal à se rajuster* ». *L'officier des gardes Cazotte (fils de l'auteur du* Diable amoureux) *se trouvait heureusement là. C'est lui qui parvint à trouver & à ramener la fille de l'hôte, Mˡˡᵉ Vallée,* « *jeune personne de la plus jolie figure* » *qui,* « *toute rougissante & les yeux pleins de larmes recousit la jupe de toile de la reine* ».

Ainsi, devant cette même rivière, aux bords de laquelle les dames du temps de Joinville avaient rêvé, qu'avait embellie la présence de Mᵐᵉ de Bouillon, où Mᵐᵉ de Julienne, promeneuse à Nogent-sur-Marne, avait passé devant Watteau, Marie-Antoinette fugitive, ses vêtements déchirés, faisait recoudre sa robe par une fille d'auberge !

LES VENDANGES

Chapiteau de la Grande Nef (Cathédrale de Reims).

Étranges contrastes, singuliers retours de l'histoire ! Ici, sur ce même rivage, abordent les ombres confuses d'un passé plein de charme et de mélancolie ; &, tantôt, selon les heures, ce sont des silhouettes légères de jeunes et belles femmes &, tantôt le visage en pleurs d'une reine malheureuse qui peuplent les souvenirs & donnent, au cours de ce beau fleuve, un attrait souriant, triste ou lointain d'évocation.

LA MARNE RUSTIQUE EXPRIMÉE PAR LES PEINTRES. — CHAMPAGNE, TERRE DES MOISSONS & DES VIGNOBLES. — LE « VENDANGEOIR ». — LA GARENNE DES « FABLES ».

Pas à pas, avant & après les soldats de tous les âges & de toutes les guerres, les poètes & les peintres ont suivi les sinueux & harmonieux détours que, depuis Langres jusqu'à Nogent auprès de Vincennes, la Marne dessine en boucles & en volutes d'un tour léger. Le premier, Israël Sylvestre, le vieux maître dont le burin était éloquent, a montré la ri-

AY (M'ARNE)

Vue générale (XVII⁰ siècle).

vière de Marne, auprès de « l'Oyse » sa sœur,
« ayant marié leurs eaux avec celles de la
Seyne et couchées dans un bois devant le
Louvre ». *C'est là une allégorie exquise, &
dont le sens finement emblématique, en don-
nant à la Marne un doux & féminin visage,
avait de quoi, plus tard, inspirer les sta-
tuaires & les peintres.*

*Statuaire, Edme Bouchardon rivalisa,
dans cette conception, avec Sylvestre. Nous
avons montré (dans l'*Introduction *de ce
petit livre) avec quel art, plein de mesure &
de noblesse, ce savant sculpteur sut faire
jaillir du marbre, au monument de la rue de
Grenelle, la figure vivante de la Marne.
Enfant de ces bords, Bouchardon était né
(en 1698) à Chaumont-en-Bassigny. Son
père, nous dit Caylus, « professait lui-même
la sculpture & l'architecture dans sa pa-
trie ». & Caylus d'ajouter, en nommant*
celui à qui nous devons la statue de l'Amour
taillant son arc, *de tant de dieux marins, de
tritons, de nymphes : « J'ai vu (de ses des-
sins) faits à Chaumont avant son arrivée à*

Paris, dans lesquels on distinguait déjà ce beau crayon, ce trait assuré & ce bel accord que nous avons vus se perfectionner & s'élargir à proportion des connaissances qu'il ne pouvait manquer d'acquérir à Paris et à Rome. »

L'un des premiers après Sylvestre et avant Bouchardon, Watteau s'inspira une fois au moins des sites des bords de la Marne ; c'est quand il vint dessiner à Nogent, aperçue comme en rêve, une Vue du village de Vincennes. *De nos jours, & dans Château-Thierry, M. Aman-Jean, qui n'ignore pas que la Marne commence à Langres, le pays de Claude Gillot, pour venir se joindre à la Seine, peu après le village de Nogent* (¹), *le séjour final de Watteau, a su — lui aussi — fixer dans des œuvres d'une tonalité délicate*

(¹) *La Marne vient exactement confondre ses eaux à celles de la Seine au pont de Charenton. Une vue du* Moulin de Charenton, *d'un gracieux pittoresque rococo, a été peinte par Boucher (aujourd'hui au Musée d'Orléans) & gravée par Huquier. C'est à Saint-Maurice, près de Charenton, non loin de la Marne, qu'a vu le jour, le 26 avril 1798, l'un des plus grands maîtres dans l'art de peindre au XIXᵉ siècle : Eugène Delacroix.*

un même crépuscule de songe, un décor sem-
blable & nuancé de comédie.

A Mont Saint-Père, cependant, entre
Château-Thierry et Dormans, non loin de
ce bois du Barbillon au nom bien poissonneux,
le bon peintre Lhermitte, dans des œuvres d'un
dessin vigoureux, d'un caractère de recueille-
ment & de calme admirable, a retracé, à son
tour, des aspects des bords de la Marne. Mais,
avec Lhermitte, ce n'est plus — dans l'image
de la rivière — cet aimable & fantasque vi-
sage, semblable à celui de Finette & de Colom-
bine, exprimé par Watteau dans des toiles
d'une tonalité fluide, aérienne & féerique.
C'est, ici, dessiné dans sa force & peint dans
sa vérité, le visage rustique & creusé de rides
du paysan. Lhermitte, agreste & rude maître,
dans ce site champenois, a rencontré un jour,
comme au temps de La Fontaine, le bûcheron
« tout couvert de ramée » ; dans des œuvres
robustes, il en a dressé la silhouette ; mais, ce
qu'il a portraicturé encore avec amour, dans
cette contrée des Fables, *ce pays du* Renard *et*
des raisins, c'est le vigneron solide, aux bras

noueux comme des ceps & qui marche en chantant dans son vendangeoir.

De tous temps, la vendange, dans cette vallée de la Marne, a été le plaisir ; de tous temps, elle a été la fête. Depuis Jalons-les-Vignes, *situé sur la Soude auprès de Châlons, jusqu'à ces côteaux d'Esbly, entre Lagny & Meaux, nommés* petite Bourgogne, *la Champagne, à l'infini, étend le tapis flambant de ses vignobles. A l'un des chapiteaux de la cathédrale de Reims, un sculpteur local, en mariant habilement de son ciseau dans la pierre les vrilles de la vigne, a esquissé ce poème, montré cette splendeur. A la haute colonne, il a enlacé le pampre ; &, c'est un beau motif exprimé par lui, que cette cueillette des grappes, ce jeu du pressoir dont resplendit à l'automne, des coteaux de Damery & de l'Ay à la montagne de Reims, tout le grand domaine.*

Ce mot de vendangeoir, *si riche de goût & de couleur, emprunté au fonds provincial, il a été connu du comte Thibaut ; on a entendu Henri IV le prononcer quand (durant le siège d'Epernay) il se rendait à Damery, en compa-gnie de ce maréchal de Biron que Brantôme appelle un « fort gentil & vif esprit », pour deviser de guerre & d'amour avec la Prési-dente Anne du Puy, la même que le roi appe-lait la belle hôtesse. La Présidente recevait le galant prince dans son vendangeoir ; &, ceci se passait en 1592, l'année où le bon roi avait écrit à Gabrielle d'Estrées, en raison des combats menés & poursuivis à outrance :* « Mes belles amours vous avez cuidé perdre votre serviteur... », &, *où il allait, si beau & vaillant, l'épée au poing & le panache mous-seux à son chapeau.*

Sur ces coteaux de la Marne, à Damery, à l'Ay, si réputés, les « vins les plus délicats du monde », selon le gourmet abbé Garnesson, historien érudit d'Epernay, ont toujours jailli du cuvier rempli à pleins bords. Ces vins — les vins de rivière ([1]) — *d'un ton un peu monté, colorés, pétillants, Voltaire les a célé-*

([1]) *Ce sont les vins d'Ay, de Mareuil-sur-Ay, de Bouzy, de Pierry. Le vignoble de l'Ay passe pour être le premier du cru dit de la* rivière de Marne.

biés autrefois. C'est quand il a montré, non sans fadeur, dans de petits vers à la mode du temps, Eglé & Chloris lui versant

> D'un vin d'Ay dont la mousse pressée,
> De la bouteille avec force élancée
> Comme un éclair fait voler son bouchon...

L'esprit des gens de Langres, de Chaumont, leur raillerie aiguisée, assez moqueuse, emprunte beaucoup de sa finesse à cette influence des bons vins. A Chaumont, l'on raille ceux de Langres ; mais, ceux de Langres ne s'en laissent pas facilement conter par ceux de Chaumont, leurs voisins.

> A Langres, y fait froid, dit-on :
> Mais y fait chaud à Chaumont.

Cette chaleur, née de la terre, des champs fertiles ([1]*), des coteaux couverts de vigne, en inspirant l'art primesautier d'un Gillot, le*

---

[1] « En regardant ces champs qui n'ont pas été ravagés par la guerre... » *(Discours prononcé à Chaumont, le jour de Noël 1918, par le Président Wilson, devant les soldats de l'armée américaine). Félicitons-nous de ce fait avec le Président Wilson : la guerre a épargné les champs du Bassigny.*

talent harmonieux de Bouchardon, a pétillé aussi dans les vers d'un Père Le Moyne (natif de Chaumont) qui, comme Bouchardon, aima les jardins & les chanta ; dans l'étincelant & jaillissant génie d'un Diderot (natif de Langres). C'est un fait que Diderot, notamment, tient à cette terre par tous les liens du sang, de la race. Sa mère, si probe, si vaillante, était née Vigneron. Son père, si laborieux (^{1}), aimait à enter lui-même la vigne ; il en légua les ceps à ses enfants. Nommant l'un de ces biens, Denis en écrira, plus tard, à Mlle Volland : « C'est, dira-t-il, le cellier de nos vendanges & le grenier de

---

(^{1}) « C'est une bonne race », *disait Diderot de ses ancêtres. Des mégissiers, des tanneurs, des couteliers, des boulangers, voilà ses aïeux, tous des artisans.* Didier Diderot, *le père du philosophe, comme il convient à un Langrois, était maître-coutelier, & l'un des premiers, de sa profession. On connaît ses armes, d'une simplicité aussi rustique qu'éloquente* ; « *deux marteaux croisés au-dessus d'une enclume, avec, à droite, la* « perle » &, à gauche, une « rose » &, tout autour, se lit cette devise qui peint, à merveille, son attention à modeler sa vie sur celle des ancêtres* ; Virtus & labor patrum fasti ; *La vertu & le labeur des ancêtres sont des choses qui portent bonheur* » (Chanoine Marcel, Le frère de Diderot, *Paris*, 1913).

nos moissons. » &, *pour lui, autant que pour
Voltaire, le vin de ces crus ne cessa d'être
une source d'inspiration, une coupe dans la-
quelle il puisait, en buvant, le rire & la
bonne humeur. Au Grandval, le domaine du
baron d'Holbach, sis à Sucy-en-Brie, auprès
de la Marne, & que fréquentaient ces Muses
raisonneuses & spirituelles : une M*me* Geof-
frin, une M*me* d'Epinay, Denis, le passionné,
le discoureur, le verre de Champagne en
main, tint longtemps sous le charme tous les
hôtes.*

*Telle est en effet la puissance de ces vins :
ils dégagent un piquant, un tour de plaisance
qui fait naître la joie, monte à la tête &
grise le cœur.*

*Un peu plus, & les Allemands, dans cette
guerre farouche, eussent bu à tous les goulots,
vidé à satiété les flacons & mis à sac les caves.
N'est-ce pas Gœthe,* lui cependant si hautain,
si fier, tellement au-dessus de la brute, *qui
nous confie, dans son récit de la* Campagne
de France, *comment, en* 1792, *l'armée du
duc de Brunswick, comptant se refaire, aspi-*

Cl. de la Sect. phot. de l'Armée.

CHÂLONS-SUR-MARNE

Maisons atteintes par le bombardement (nuit du 18 au 19 juillet 1918).

Au fond, Notre-Dame-en-Vaux.

rait à gagner *Châlons, Epernay, « ces pays des bons vins »,* dit-il. *Un certain petit moulin de Valmy, au pied duquel Kellermann & Dumouriez attendaient le roi de Prusse & le duc de Brunswick, vint bien un peu déranger ces projets de beuverie.*

En 1914, cependant, les mêmes hordes, sous von Klück, plus favorisées qu'au temps du grand Gœthe, parvinrent rapidement jusqu'au Vendangeoir *; mais, habitués jusque-là à leur bière de Bavière, nourrissante, épaisse, les Allemands n'avaient pas l'habitude. Assommés par la vigueur de ces crus, le cœur chaviré, la tête en feu, après quelques libations, ils titubèrent ; &, c'est le général Foch lui-même, après la cérémonie de Fère-Champenoise, le plan de la bataille de la Marne à la main, qui expliqua, devant ses hôtes, il y a deux ans, comment — pénétrant avec le général Humbert dans le château de Mondement — ils durent tous deux enjamber des tas de bouteilles éventrées, brisées & qui gisaient là, en monceau.*

La Fontaine, l'enfant de ces contrées, l'ha-

bitué de ces soirées un peu bachiques dites des quatre amis où Boileau, Racine, Chapelle et lui se lisaient leurs œuvres en y mettant le ton, le verre à la main, pouvait parler de ces crus en connaisseur (1). Aussi, dans des vers fins & railleurs, adressés, sous forme de lettre rimée, à son ami le duc de Vendôme, a-t-il pu écrire sur cette inaptitude des Allemands à supporter nos vins de Champagne :

J'aime mieux les Turcs en campagne
Que de voir nos vins de Champagne
Profanés par des Allemands.
Ces gens ont des hanaps trop grands ;
Notre nectar veut d'autres verres !

Mais, surtout, ce « nectar » veut d'autres buveurs. Il veut de ces fins & francs lurons à l'esprit pétillant, aux yeux vifs & au clair langage dont un Claude Gillot, un Diderot demeurent les types. « Il me semble, a écrit Diderot un jour, en évoquant sa petite enfance & sa jeunesse au pays de Langres, aux

---

(1) *Voir, dans la fable le Renard & les raisins, avec quelle saveur le poète parle des « raisins couverts d'une peau vermeille », dont le sire renard, flairant les grappes voudrait bien se délecter.*

MEAUX

Les moulins sur la Marne.

sources de la Marne, que j'ai l'esprit fou dans les grands vents ». Cet esprit (l'esprit à la La Fontaine, à la Maucroix !), aux confins de a « grande contrée vineuse & littéraire » dont Michelet a parlé, il ne tient pas qu'au vent pur & tonique avivé, comme dans la fable, du parfum du thym & du serpolet, mais aussi il tient au terroir, aux mets plantureux, aux vins.

En aucun pays, si ce n'est en Bourgogne ou en Normandie, la table apprêtée à plaisir ne retient mieux les convives. De toutes parts, ici

...on fricasse, on se rue en cuisine.
« De quand sont vos jambons ? Ils ont fort bonne mine.
— Monsieur, ils sont à vous... »

Voilà la politesse des gens, & leur appétit. La Fontaine le savait, qui en plaisanta (dans la fable : le Jardinier & son seigneur*).*

Après lui le charmant Regnard, le distrait, le Démocrite, celui qui mit tant de verve & de talent à porter sur le théâtre les folies de l'Amour, n'eut de cesse, dès le XVIIᵉ siècle, dans son Voyage *rimé de Chaumont, de*

vanter la bonne chère de ces contrées, les re-
pas copieux dans les auberges, l'accueil ave-
nant des hôtes &, souvent, des hôtesses. Chez
Petit-Jean, traiteur à Chaumont-en-Bassi-
gny, Regnard avoue avoir rencontré une
table abondante; où, près de lui, dit-il, des
nonnes mêmes se régalèrent. C'était aussi,
selon son aveu, une table appétissante que
celle de « Saint-Dizier-sur-Marne »; &
quelle rôtisserie que celle qu'il trouva à l'en-
seigne de l'Étoile,

> ... dans Joinville
> Près du château...

où, dit-il,

> Six grands brins de belles filles,
> Friand morceau,

lui découpaient la volaille & lui servaient le
vin à table.

> De la vineuse Champagne
> Sois tout l'honneur

s'écrie Regnard avec reconnaissance devant
M. le grand Prévôt de cette province qui,
dans Châlons-sur-Marne, si bien le nourrit

MOULIN SUR LA MARNE A CRETEIL.

(D'après la lithographie d'E. Breton.)

& l'abreuva. Filleul du roi — du moins Re-
gnard l'assure — M. le grand Prévôt avait
bien fait les choses.

Fin rôt, ragoût, nappe blanche
Bonne liqueur...

tout à sa table se voyait en abondance ; &
peut-être bien aussi, dans un plat de bel ar-
gent, Regnard goûta-t-il au civet bien assai-
sonné de quelqu'un de ces lièvres champenois
dont La Fontaine a conté la fable. Pays de
petits bois, de « landes » comme écrit le poète
(le Lièvre & la tortue), le Perthois, le Bassi-
gny, dans leurs champs parfumés, offrent plus
d'un gîte à ces hôtes.

 Et ces hôtes, dans cette garenne des Fa-
bles fleurie de pimprenelle, sous ce couvert
des chênes où s'égarèrent tant de fois les pas
du poète, nous savons bien que ce sont les
lapins coquets et musqués jouant dans la
bruyère, le lièvre et la perdrix devisant de
compagnie dans la rosée, l'alouette et ses
petits épiant le maître du champ. Rien, de-
puis deux siècles, n'a changé dans ce pay-
sage. Cette métairie, au loin, dont on voit

*les toits rouges s'élever au-dessus du village,
elle est la même qu'au temps où* Peau d'âne
*y gardait les dindons. Voici le bois de cou-
drier où le* Petit chaperon rouge, *allant
chez sa mère-grand, s'arrêtait à cueillir la
noisette. Et, l'image de toute cette contrée
est restée si fidèle au passé des contes, elle
a conservé tant de charme et de fraîcheur
que, devant le même horizon nuancé, si fin,
si tendre, on croit tout à coup que l'on va
voir, comme au temps lointain des rouets et
des fuseaux :*

>   .. l'ombre de La Fontaine
> Dans les chemins charmants marcher près de
>   [Perrault. (¹)

(¹) Mme MATHIEU DE NOAILLES : *le Poème de
l'Ile de France.*

MEAUX (SEINE-ET-MARNE)

Ancien évêché, cabinet de Bossuet.

V

LA MARNE GUERRIÈRE, DÉESSE DEBOUT ET CASQUÉE, L'ÉPÉE AU POING. — LA PREMIÈRE BATAILLE DE LA MARNE.

Le bon Gérard de Nerval qui, de tous les chemins qu'on suit en ce monde, préférait celui des écoliers, avait projeté une fois de s'en aller de Paris à Creil par un long détour. « Il était très simple, avoue-t-il, de me rendre à Creil par le Nord ». Mais, en vérité, cela eût été bien ordinaire ! Le capricieux Gérard n'aimait pas la ligne droite. Aussi, pour atteindre de Paris à Creil, décida-t-il de passer par Meaux. « En prenant par Meaux, écrit l'amoureux de Sylvie, je rencontrerai l'omnibus de Dammartin. Je traverserai à pied les bois d'Ermenonville, &, suivant les bords de la Nonette, je parviendrai après trois heures de marche à Senlis où je rencontrerai l'omnibus de Creil. »

*Il n'y avait certes pas, en ce temps de l'année, de plus heureux projet, ni, pour un garçon vivant comme Gérard dans un monde de rêve, de plus riant itinéraire. & puis pour ce fol fantasque, ami des bois & des cours d'eau, c'était une occasion unique, tout en allant rendre visite à l'Oise, de saluer la Marne au passage. L'auteur d'*Aurélia, *séduit par cette idée, s'arrêta donc à Meaux, où il passa la nuit, &, vit la rivière. «La Marne est* marneuse *naturellement, note-t-il en souriant avec bonhomie, mais elle revêt maintenant des teintes plombées que rident parfois les courants qui sortent des moulins... »*

Ah ! ces moulins, ces « terribles moulins » qui empêchèrent le voyageur de dormir, ces moulins « écaillés d'ardoises », auxquels, en raison de leur charmant effet, le poète par-

CIMETIÈRE DE CHAMBRY (SEINE-ET-MARNE)

Le mur est encore troué de meurtrières (combats de 1914)

donnait le bruit de leurs roues dans l'eau, Gérard y pensa longtemps. Aussi les retrouve-t-on, si pittoresques, dressés au clair de lune dans ces Promenades & Souvenirs où l'auteur est bien, comme toujours, à travers les paysages du Multien & du Valois, un guide enchanteur.

Cependant, à ces moulins de Meaux, tout légendaires, un autre promeneur romantique, le poète des Chansons des rues & des bois, préférait de beaucoup les moulins de Chelles.

> J'aime Chelle & ses cressonnières
> & le doux tic-tac des moulins...

A Chelles, gros bourg, où les vestiges des bâtiments abbatiaux se voient encore, ce qu'aimait beaucoup aussi Victor Hugo, à côté des moulins, c'étaient les meunières. La Marne, en cet endroit, est ravissante ; mais, sans aller si loin que Chelles, elle est déjà bien belle à Créteil.

> La Marne est pleine d'étincelles

écrit le poète ; &, parce qu'il est gai, parce qu'il est jeune, l'esprit hanté encore d'images

classiques & voit Nausicaa dans une lavan-
dière, longtemps, longtemps, sous la saulaie,
au crépuscule, il s'arrête à considérer :

Une fille qui, dans la Marne,
Lavait des torchons radieux.

La Marne, la rivière douce & nonchalante
à qui tant d'inspirés & fiers poètes aimaient
ainsi à rendre hommage, elle avait vraiment,
dans ce temps-là, tous les attraits. Aussi, que
de Parisiens, tentés comme Victor Hugo &
comme Gérard, aspiraient à en suivre les
bords, à en découvrir les détours, à en goûter
la fraîcheur ! Gérard de Nerval, en quittant
Paris, avait espéré prendre, à Meaux, l'om-
nibus de Dammartin :

A Dammartin l'y a trois belles filles ;
L'y en a z'une plus belle que le jour...

Mais, c'était à un mobile tout contraire,
en allant à Dammartin, pour, de là, se trans-
porter à Meaux & à La Ferté, qu'obéissait
Victor Hugo ! Juché, « entre un bossu & un
gendarme », sur l'impériale d'une diligence
qui passait justement en cet endroit, l'au-

teur du voyage du Rhin *accomplit en plaisante compagnie ce parcours pittoresque.*

A mesure qu'en cet équipage, d'une gravité comique, avançait la diligence, le poète plus fier que le marquis de Carabas au pays de Chat botté, *du haut de l'impériale, admirait la campagne. Auprès de lui, le postillon chantait, jurait, sacrait, faisait claquer son fouet ; les roues grinçaient ; les chevaux faisaient feu des quatre fers. Mais, tout à coup, comme dans une féerie, à un changement soudain de décor, la « jolie petite ville » de la Ferté apparut, ainsi que le poète lui-même l'a écrit, « avec ses trois ponts, ses charmantes îles, son vieux moulin au milieu de la rivière qui se rattache à la terre par cinq arches & le beau pavillon du temps de Louis XIII qui appartint, dit-on, au duc de Saint-Simon ». Le paysage nuancé, fin, heureux, aux plans successifs & délicats, aux étages de verdure, le parcours des eaux chargées de brume & comme fondues, le poète ne pouvait se défendre de les aimer. « Cette route blanche, ce vieux pont, ces chaumes bas, tout cela m'égaie & me rit* », *disait-il. Conquis par tant de reflets, de couleurs, d'images vives & chatoyantes, il ajoutait : « Une vallée comme celle-là me contente avec le ciel par-dessus ». Il importe d'ajouter qu'à ce moment-là, au déclin de l'été, bientôt au seuil de l'automne, la Brie féconde, la Brie active des labours, était dans tout l'éclat de ses moissons. « On bâtit çà & là de grandes meules » écrit le voyageur à qui rien n'échappe au seuil des pâturages, à l'entrée des champs, de tant d'activité & de tant de labeur.*

Ah ! poète. En septembre 1914 aussi c'était l'automne ; septembre avec ses blés septembre avec ses grappes ! & il faisait beau, & il faisait chaud. Dans les sillons volaient les cailles ; au-dessus des vignes chantaient les grives ; les bourdons, gorgés du suc des fleurs, vibraient dans l'air alentour des pâquerettes & des petites ombelles de la prairie; & le ciel, au-dessus des eaux de la Marne, entre Meaux & La Ferté, était si bleu, si pur que l'on comprenait bien que c'était là le pays des contes, ce plaisant pays ami des lièvres, vers lequel La Fontaine en son temps revenait sans cesse & que le bon Joinville avait eu tant de peine à quitter. &, c'était un pays opulent, exquis, gourmand, un pays où le grillon chante, embelli de guérets, de coteaux avec des ajoncs, de prés verdoyants, de cours de fermes où le fumier sent bon, qu'un coq fouille de l'ergot, où des poules picorent. Des gens allaient, venaient, de « race sobre et fine » (TAINE) un peu partout, par les chemins, dans les venelles. &, le ciel était transparent, l'air si léger qu'on entendait, au loin, au-dessus des fleurs, voler les abeilles...

Tout à coup, dans cette quiétude, dans ce calme, dans cette paix des choses, ce silence des gens & ce recueillement des troupeaux, il y eut, comme en un jour d'orage, un grondement sourd, lointain, prolongé ; & là où les Huns étaient venus, où Napoléon avait passé, rejoignant Fontainebleau à la hâte, accablé par le sort, crispant le poing, ses aigles basses & inclinées, soudain les Allemands parurent.

C'était sur le plateau, au-dessus de la

Marne, entre Meaux & Dammartin, par le chemin que justement Victor Hugo, après Gérard de Nerval, mais en sens inverse, avait suivi. Vainqueurs à Charleroi, depuis le Nord français forcé & ravagé, ils descendaient ainsi, en avalanche. &, devant eux, comme jadis devant Attila, arrêtés par les mêmes eaux & dans la Champagne, ils allaient brûlant les meules, pillant les maisons, faisant des otages &, de temps à autre, au long d'un mur de ferme, abattant à coups de fusil un vieillard ou un enfant.

Le 6 septembre, à 7 heures du matin, une patrouille de dragons allemands, venant de Fublaines, pénétrait jusqu'au cœur de la ville de Bossuet. C'est dire assez combien le danger était pressant, avec quelle audace l'ennemi, infléchissant la manœuvre qu'il avait esquissée sur Paris, inclinait à présent vers le confluent de l'Ourcq & de la Marne. Un grand combat allait se livrer, sur ce plateau de la vigne & du froment, limité au Nord par Betz & Nanteuil-le-Haudouin, à l'Ouest par Dammartin, au Sud par Meaux

& dont les villages aux noms à jamais mémorables de Chambry, de Barcy, de Marcilly, de Puisieux, de Saint-Soupplets, d'Yverny, de Monthyon, de Penchard, de Neufmontiers, de Varreddes allaient constituer le champ clos. Champ coupé de haies vives, aux monticules jonchés d'épis, limité de petits bois, que bornent, çà & là, deux ou trois grands peupliers & quelques saules, voilà le terrain ! Celui-ci ne se présente pas autrement, sur le plan ancien (de 1698) dressé par Chevallier sur l'ordre de Bossuet, & dans l'étendue duquel on aperçoit, à l'infini, tant de villages avec leurs clochers, de minces cours d'eau entre les arbres & de belles routes droites sur lesquelles le coche, le coche du fabuliste, amusant, ventru, aux panneaux de couleur, avance, emporté par six forts chevaux, cahin-caha &, de ses larges roues, broyant le Pavé du roi. (¹)

(¹) Selon FRÉDÉRIC HENRIET (Les campagnes d'un paysagiste) c'est à Méry, non loin de Saacy, près de la Ferté-sous-Jouarre, que La Fontaine trouva l'inspiration de sa fable Le coche et la mouche. Le plan de Chevallier, dont nous parlons ici, embrasse le Doyenné de Dammartin (Dammartin-en-Goële), mais, en exergue

Grisés de succès, fous de la victoire, certains
de l'invincibilité de leurs soldats & de leurs
généraux, les Allemands avançaient, innom-
brables, plus serrés que des épis, coude à coude,
& dans un ordre terrible. La ligne de l'Ourcq
tombée, Meaux emporté, c'était Paris ouvert.
Rien alors n'eût été comparable à ce triomphe,
rien pour eux n'eût valu cette proie. Cepen-
dant, Gallieni veillait. « Pour mon malheur,
avoua von Klück plus tard, à un journaliste
neutre venu pour l'interviewer après sa défaite,
il fallait que ce fût Gallieni qui commandât
devant Paris ».

D'un coup d'œil d'aigle, aigu, pénétrant,
d'une merveilleuse lucidité, le gouverneur

---

il porte aussi le nom ancien : France attribué plus spécia-
lement par les géographes à toute la région comprise
entre Saint-Denis (appelé jadis Saint-Denis-en-France)
et Meaux. Roissy-en-France, Mitry-en-France, non
loin du vieux château de Bois-le-Vicomte fréquenté de
La Fontaine, & Charny-en-France, auprès de Villeroy,
à deux pas du champ où Péguy est mort, trahissent le
souvenir de ce beau nom. M. Longnon l'a remarqué, au
reste : les vieux paysans du bord de la Marne, particu-
lièrement ceux de Trilport, disent encore, par habitude,
se rendant à Meaux en suivant la rivière : Nous allons
en France.

TOMBE DE CHARLES PÉGUY

(La Grande Tombe de Villeroy)

militaire avait compris que — rompant avec la routine — il fallait (s'il voulait tout sauver) sortir de sa place forte, aborder l'ennemi de flanc & le frapper au cœur avant que — la Marne franchie — il tentât de passer. Sur son ordre, la 6e armée (armée Maunoury) se portait en avant, attaquait von Klück avec vigueur &, dès le 6 septembre, la mêlée, sur tout le grand plateau multien, devenait si épouvantable, si complète, qu'il n'y avait pas un village, pas un cimetière, pas un moulin & pas un bois qui ne fût le champ d'un combat particulier.

Ah ! les braves gens qui tombèrent, en ce grand jour décisif, au bord du sillon qui leur servit de tombe, Dieu seul en connaît le nombre ! Ceux qui ne sont pas venus ici, à l'automne, dans les petits villages & n'ont pas vu les murs troués de meurtrières, les arbres coupés, les clochers abattus & les toits ouverts ne peuvent pas se représenter l'acharnement de ce corps à corps sanglant & sans merci. Les chasseurs, les coloniaux & les lignards eurent, ce jour-là, vraiment conscience *que l'heure était suprême & qu'il fallait vaincre ou mourir. &, tandis que, protégés par la rafale des 75, avançaient les bataillons, il semblait que ce fût, sur ce paisible plateau de la Brie, aux travaux bucoliques, aux lents bœufs, aux beaux sillons, une dévastation effrayante de tout ce qui, dans cette nature, avait, jusque-là, fait la vie si féconde & si douce.*

Un peu avant midi, ce même jour, un bataillon français se lançait avec fureur, au pas de charge & devant le petit village de Villeroy, à l'assaut des lignes prussiennes. « Nous tirions comme des enragés, noirs de poudre, le fusil nous brûlant les doigts » a écrit l'un de ceux qui prirent part à cette grande bataille ([1]). Tout à coup, devant ces soldats qui ont donné déjà tant d'eux-mêmes & ne vivent plus que soutenus par l'exemple de leurs chefs, défiant le danger, défiant les balles, un homme se dresse, mâle et vivant exemple du courage militaire, du courage humain. C'est le lieute-

([1]) Victor Boudon, Avec Charles Péguy de la Lorraine à la Marne (1915).

BARCY (SEINE-ET-MARNE)

L eglise apres les combats de 1914.

nant Péguy. Il ne prononce qu'un mot, ne jette qu'un cri : « En avant ! » *&* : « Tirez ! Tirez ! Au nom de Dieu, tirez toujours ! » *Ainsi, devant Orléans, à Patay, dans la forêt des lances, au milieu des siens, Jeanne d'Arc, sa patronne, sa sainte, devait pousser ses sol- dats en avant. Mais lui, dans ce suprême assaut, ne porte, comme Jeanne la Lorraine, ni armure ni casque ; &, c'est à découvert, plus à découvert, sur le talus & dans les herbes, qu'il bondit en plein feu. A ce moment, une balle l'atteint ; &, ce poète-guerrier, frappé au front, tombe sans un cri, sans une plainte. On était au matin du 5 septembre ; cela se passait en pleine lumière, par un beau jour, dans un clair paysage, à peine brumeux, devant* « *l'admirable horizon couleur de perle* » (¹). *Plus loin que Charny & Ville- roy, vers Meaux & La Ferté, baignée encore des brouillards de l'aube, coulait la Marne;*

(¹) « Longue route déserte qui descend vers la Marne. Admirable horizon couleur de perle... » *Ex- pression* d'Alphonse Daudet. (Contes du lundi : *Aux avant postes, le long de la Marne).*

& ces brouillards, ces « fins brouillards de septembre » que Péguy avait tant aimés jadis, dans son enfance, aux bords de la Loire & au Loiret, quand petit garçon il courait au milieu des vignes, ces brouillards de l'automne ils s'élevaient à ce moment, semblables à quelque suaire aérien, fluide, enveloppant, maternel & que les mains des fées & des muses eussent tissé en l'honneur de celui qui tant admira les rivières, & la campagne & le fin ciel du pays français (¹).

Couché dessus le sol à la face de Dieu

le poète à présent repose. Il repose ! Mais, ses compagnons, les soldats de Gallieni et de Maunoury, n'entendent plus que ce seul cri : « En avant ! En avant ! » &, de Villeroy où Péguy est tombé, à Chambry, à Barcy, à Marcilly, le combat s'intensifie ; durant ce

---

(¹) *Lire, dans* Victor-Marie, comte Hugo, *tout ce que Péguy a écrit de charmant & de poétique sur « les brouillards de septembre, les brouillards de la Loire & du Loiret, de la Somme, du Lunain & de l'Ornain, & de l'Orge, & du Cousin & de l'Armançon, & du Petit & du Grand Morin. »* C'est à l'extrémité droite de la grande tombe de Villeroy, qu'a été inhumé Charles Péguy.

LES BORDS DE LA MARNE

Vue d'une ferme au-dessus de Saint-Maur (d'après la gravure de Lesueur, 1776).

long jour, *il fait rage. A Marcilly, dans la salle de l'école du village, il se joue une scène sublime. Un jeune sous-officier, le sergent Louis Bardet, du 29ᵉ bataillon de chasseurs à pied, s'est traîné là pour mourir. Mais, au moment de perdre connaissance, ce jeune brave a entendu le son joyeux du clairon, l'appel des voix, l'appel des cuivres ! Il a compris ; &, dans un sursaut suprême, à l'instant d'expirer, il trouve assez de force encore pour se porter jusqu'au tableau noir de la classe & pour tracer à la craie, avant que sa main soit glacée par la mort, cette inscription inoubliable :*

Le 29ᵉ Chasseurs à pied,
le 354ᵉ d'Infanterie,
le 361ᵉ d'Infanterie,
ont battu les Prussiens ici, les 4 et 5 septembre.
Vive la France ! ([1])

A de tels hommes, rien ne résiste. D'eux on peut tout attendre ; &, c'est bien ce que le général en chef, en ordonnant que l'action, du « Nord-est de Meaux », fût menée, entre

---

([1]) *Rapporté par M. Georges d'Esparbès.*

Lizy-sur-Ourcq & May-en-Multien, « en direction générale de Château-Thierry », avait pensé. De victoire de l'Ourcq qu'elle était d'abord, la victoire remportée au Nord & à l'Est de Meaux, à la jonction des eaux de l'Ourcq & de la Marne, s'étendait maintenant, par Esternay, Sézanne, à tout le Sud du grand fleuve & jusqu'à Vitry-le-François, là où, toujours aux bords de la même & sainte rivière, l'armée Langle de Cary, achevant l'action commencée devant Meaux par Maunoury, battait le duc de Wurtemberg. Ainsi, la Marne, grand & beau trait bleu marqué dans le sol de Champagne, le sol français, avait fait obstacle. Vivant rempart, elle s'était dressée &, rougie du sang des morts, n'avait pas permis qu'on franchît son cours.

CHÂTEAU-THIERRY (AISNE)
La statue de La Fontaine après le bombardement (1918)

LA COLÈRE DE LA MARNE. — SA FUREUR AU
TEMPS DE LA FONTAINE. — LA CAMPAGNE
DE FRANCE. — SECONDE BATAILLE DE LA
MARNE.

La Marne fait des siennes tellement
Que c'est pitié de la voir en colère...

*écrivait en son temps, à son protecteur
M. Fouquet, le Maître des Eaux & Forêts
de Château-Thierry, le bonhomme La Fon-
taine. Le fait est que, cette année-là (1659)
l'hiver avait tellement enflé le cours des eaux
que la Marne, sortant de son lit, avait envahi
ses rives, emporté le pont et menacé de noyer
le charmant pays des Fables. D'ordinaire*

si mesurée, si lente, la Marne (la paisible, a dit Reclus) a ainsi de ces réveils soudains, de ces sursauts brusques dont les Allemands, à plusieurs reprises, éprouvèrent le dommage.

Déjà, pendant l'hiver 1814, c'est-à-dire, cent années à peu près avant la bataille su- prême engagée & gagnée, de nos jours, par Joffre & par ses lieutenants, la Marne avait participé aux combats que Napoléon, assailli par toutes les armées de l'Europe, livrait sur ses bords. A Saint-Dizier, Joinville, Eper- nay, Châlons, à Château-Thierry, il y eut, pendant ce long hiver, de durs assauts, de rudes mêlées (1); *&, les mêmes noms de villes & de villages que les* communiqués *de* 1914 *apportèrent à notre impatience, les*

---

(1) *Le combat de Saint-Dizier fut des plus violents : &, voilà comment le brave capitaine Coignet, qui y prit part, en relate le début, dans ses* Cahiers *; « Le 27 janvier 1814, le combat de Saint-Dizier eut lieu : ce n'était pas un combat, mais une vraie bataille, des plus acharnées. La ville fut massacrée par la fusillade &, l'on pouvait compter, dans les fermetures des portes & les contrevents, des milliers de balles : les arbres d'une petite place étaient criblés, toutes les maisons furent pillées, pas un habitant ne put rester dans cette ville. »*

LA FERTE-SOUS-JOUARRE (SEINE-ET-MARNE)

Après le bombardement de 1914.

Bulletins *de Napoléon les livrèrent alors au public frémissant.*

Toute la grande région au sud du fleuve, un peu au nord du Petit-Morin : Vauchamps, Champaubert, Montmirail, demeure illustrée à jamais par ces grands jours où, dit Henry Houssaye, la campagne de France vit « l'Empereur manœuvrer sur la Marne avec une poignée de héros ». A Champaubert, une colonne surmontée de l'aigle impériale, peut encore se voir ; &, l'identité entre les grands faits de ce temps & ceux du nôtre demeure si complète qu'il n'y eut pas jusqu'aux Défilés de Saint-Gond, *si fameux par le coup terrible que le général Foch porta en* 1914 *à la garde prussienne, qui ne figurassent alors au* Bulletin *militaire.*

Le 10 *février, au matin, écrit en effet le baron Fain, secrétaire du cabinet de l'Empereur, « le duc de Raguse (le duc de Raguse c'était Marmont) passa les défilés de Saint-Gond sous les yeux de Napoléon & enleva à l'ennemi le village de Baye... » Mais, avant d'en arriver à cette manœuvre, qui n'était*

qu'un heureux préliminaire à Champaubert
& à Montmirail, par quelles alternatives
d'avance & de recul, par quelles mortelles an-
goisses avait passé Napoléon ! Henry Hous-
saye, dans une page tragique, écrite de ce style
imagé, vivant, souvent farouche & qui donne
tant de grandeur à ces pages, a montré com-
ment l'Empereur, « inquiet du silence de
Blücher » était revenu, à ce moment, tout
d'un coup sur la Marne, avait rejoint Saint-
Dizier, & comment, là, toute la nuit, au ber-
cement lent des eaux de la rivière, devant ses
maréchaux exténués & à la lueur des lampes,
il avait compulsé, fouillé ses cartes puis, brus-
quement, dicté au duc de Bassano un plan que,
d'ailleurs, il ne suivit pas, mais dans les
grandes lignes duquel son génie encore puis-
sant semblait, comme d'avance, disposer de la
victoire.

Défendre ou abandonner Paris, voilà le di-
lemme qui se posait, en 1814, devant Napo-
léon, aussi redoutable que plus tard, en 1914,
il devait se poser devant Gallieni, ainsi que
— ressurgi de nouveau — il devait (une fois

de plus), en 1918, *aux yeux des généraux Gouraud, Pétain & Foch, apparaître impérieux & menaçant. « Si l'ennemi arrive sous Paris, avait dit Napoléon en retraite sur la Marne, il n'y a plus d'empire » ; & il avait dit encore : « Jamais Paris ne sera occupé de mon vivant ».*

Hélas ! le fortune des armes tourna contre celui qui n'en avait jamais connu que les faveurs Napoléon tomba. Moins de soixante ans plus tard, sur cette même Marne qui avait vu passer Blücher à cheval, se montrèrent, à Meaux d'abord, où ils séjournèrent, puis à Trilport qu'ils ne firent que traverser, Bismarck & Moltke. Mais, déjà, c'était une rude guerrière que la Marne, une amazone belliqueuse ; &, les 30 novembre - 2 décembre 1870, elle fit payer cher, sur les pentes de Chennevières & le plateau de Champigny, au roi Guillaume de Prusse l'avance de ses troupes. Un détail qui a son prix & qu'on ne sait pas assez : c'est qu'à ce combat de Champigny (dont Alphonse de Neuville devait peindre par la suite — & si bien — les furieux détails), prit part un jeune officier dont la conduite fut si remarquée qu'il reçut, *sur le terrain même, la Légion d'honneur.*

Alors simple sous-lieutenant, le futur général Maunoury devait reparaître un jour, mais plus loin de Paris, dans la même vallée. Investi en 1914, *du* «*grave & délicat devoir* » (¹) *d'arrêter d'abord, d'attaquer, puis enfin de repousser l'armée von Klück, l'ancien jeune combattant de* 1870 *prit dans cette circonstance une revanche si belle qu'on peut dire que c'est de ce moment même que date, en faveur de nos armes, un décisif & premier retour de fortune.*

« Une troupe qui ne peut plus avancer devra coûte que coûte garder le terrain conquis & se faire tuer sur place, plutôt que de reculer », *avait dit, une première fois, en* 1914, *le général en* [*chef. & voilà qu'en* 1918, *tandis qu'aux mêmes abords du fleuve s'enga-*

(¹) *Cette expression est de M. Charles Maurras. Voir les* Conditions de la victoire : La France se sauve elle-même (1916). *M. Charles Maurras devait revenir un jour à ce grand sujet de* la Marne. *C'est dans une ode au ton tout pindarique, de grand souffle & dont les strophes, larges & nobles comme les ailes mêmes de la victoire, donnent une leçon de mesure fort puissante.*

geaient les combats les plus grands de la
guerre, une même voix ardente appelait de
nouveau au sacrifice & à la mort les survivants
de ces grands jours. Cette fois, ainsi que Na-
poléon l'avait demandé au moment de son
repli dans la Champagne, c'était Paris qu'il
s'agissait encore de couvrir, c'était Epernay
qu'il fallait sauver, c'était Château-Thierry
qu'il fallait reprendre. Dans un inoubliable
& sublime ordre du jour, le général Gouraud
en appelait cette fois, aux soldats français et
américains de la 4ᵉ armée. « Le bombarde-
ment, disait le général avant de lancer ses
braves à l'attaque, sera terrible. Vous le
supporterez sans faiblir. L'assaut sera
rude », mais, « dans vos poitrines battent
des cœurs de braves...Personne ne regardera
en arrière, personne ne reculera d'un pas ».

Cette grande voix d'un chef, elle se montra,
en cette circonstance, si persuasive, si chaude ;
elle alla si bien au cœur de tous que l'ennemi,
jusque-là vainqueur, ne put résister à une
ruée si vigoureuse, à un élan aussi farouche.
Il chancela, fléchit & ces armées qu'on avait

pu, jusque-là, croire à peu près invincibles
reculèrent avec une telle hâte, refluèrent en un
tel désordre qu'on peut dire que c'est de ce
moment que commença enfin le repli qui de-
vait libérer le sol de la patrie. Pour la Marne,
aux bords de laquelle se jouait à ce moment le
sort du monde, il sembla qu'elle voulût elle
aussi, se mêler à la bataille. En effet, dans
Château-Thierry, lorsque le génie américain,
pour couper les communications de l'adver-
saire, fit sauter le vénérable et beau pont de
Perronet (ce pont qui était un chef-d'œuvre!)
on put voir ses eaux bouillonnantes, ces eaux
dont La Fontaine avait pu, jadis, célébrer la
colère, s'ouvrir avec violence & recevoir la
dépouille d'un ennemi qui jamais, jamais plus
ne devait revoir, sur les rives du Rhin, la
Loreley des contes, assise au soleil, peignant
ses blonds cheveux & se coiffant de myosotis.

VII

ENCORE LA PREMIÈRE BATAILLE DE LA MARNE.
— DE L'OURCQ AU PETIT & AU GRAND
MORIN. — UNE PROPHÉTIE DE PROUDHON.
— LA MARNE DES FÉES ET DES SAINTES :
JEANNE D'ARC A CHALONS. — MONUMENTS
RELIGIEUX : RABELAIS A SAINT-MAUR.

En vérité, lors de cette grande bataille de septembre 1914, nos armées ne se mesurèrent pas à celles de l'ennemi aux bords seuls de la Marne ; mais, aux bords de l'Ourcq, sur ceux du Grand & du Petit Morin, tout le bassin du grand fleuve assista aux duels les plus violents, aux combats les plus acharnés de l'artillerie & de l'infanterie.

La rivière de l'Ourcq, qui naît, très au nord-est de Meaux pour, par Silly-la-Poterie & La Ferté-Milon, incliner vers le cours de la Marne, n'a cessé, (du moins dans sa partie nord : celle qui va de Fère-en-Tardenois à la forêt de Villers-Cotterets, par Oulchy-le-Château) de se trouver — de 1914 à 1918 — à plusieurs reprises sur le « front » de bataille. Plus épargnés, les cours du Petit-Morin (lequel va se joindre à la Ferté-sous-Jouarre à celui de la Marne), & du Grand-Morin (venant de Coulommiers pour atteindre la Marne à Esbly) ne connurent qu'une seule fois, aux premiers jours de septembre 1914, la présence de l'ennemi. Tandis, en effet, que la 6ᵉ armée française (armée Maunoury) opérait, parallèlement à la vallée de l'Ourcq, un redressement admirable, la « méprisable » mais glorieuse petite armée anglaise du maréchal sir John French parvenait, par un irrésistible & farouche mouvement en avant à dégager, de Choisy-en-Brie à Crécy, la vallée du Grand Morin.

La même armée, après de durs combats, en-

DENIS DIDEROT

gagés à Signy-Signets & La Trétoire, aux abords du Petit-Morin, poursuivait la cavalerie allemande avec tant de vigueur que celle-ci, complètement battue, se trouvait rejetée bientôt, entre Nogent l'Artaud & La Ferté, au nord même de la Marne. Pendant ce temps, la 8ᵉ division du 4ᵉ corps français (généraux Boëlle & de Lartigue) forçait la cavalerie de von Klück à s'éloigner, à l'est de Meaux & vers Trilport.

A cette date (8 septembre), un officier ennemi, témoin du désastre éprouvé par la 1ʳᵉ armée allemande, écrivait avec angoisse, sur les feuillets d'un carnet retrouvé depuis : « Le colonel-général von Klück a inspecté les avant-postes. Je l'ai aperçu. Ses yeux, si brillants d'ordinaire, sont ternes. Lui, si énergique dans toute son attitude, parle d'une voix molle. Il est tout à fait abattu ». *& pourtant, à deux lieues de là, dans la même vallée, auprès d'Esbly & de Chalifert, quarante-quatre ans avant ce jour, en septembre aussi (mais septembre 1870 !), le comte de Bismarck, ministre de Prusse, installé au* château de Hautes-Maisons, *avait exprimé brutalement, devant Jules Favre, sa convoitise, &, d'une voix rude, aux accents rauques, pleins de menace, exigé le butin & la rançon !*

Ainsi, parties du Rhin, les mêmes hordes ne vivaient plus, depuis un siècle (& 1792, 1814, 1815 le prouvent !) que dans l'idée d'atteindre à cette vallée de Marne, cette plaine de Champagne aux belles vignes & riches de ce pain blanc dont Gœthe avait parlé, avec tant d'appétit déjà, dans le récit de sa Campagne. *Dans l'un de ces éclairs de vision si fréquents chez lui, l'auteur de la* France et le Rhin, *l'illustre Proudhon, moins de quatre ans avant sa mort, prophétisait déjà cette reprise éternelle de la guerre, cette menaçante marche en avant qui pousse de période en période & qui poussera toujours, irrésistiblement, les Allemands à sortir de leur bassin du Rhin pour entrer dans notre bassin de la Marne. C'est, dans l'un de ses ouvrages :* la Guerre & la paix, *publié en* 1861, *que le lucide Franc-Comtois, que Prou-*

FONTAINE-SUR-MARNE (HAUTE-MARNE)
Le Menhir ou la Haute-Borne

dhon avait écrit : « *La Prusse, qui ambitionne de changer son titre de royaume de Prusse en celui plus sonore d'empire germanique, la Prusse à qui les traités de* 1815 *ont fait franchir le Rhin, franchirait également sans se faire prier la Meuse &* pousserait jusqu'à la Marne ». *Oser écrire cela avant* 1864 (*année de la guerre des duchés*), *avant* 1866 (*année de Sadowa*) *c'était prévoir déjà & sans erreur le colloque de* Hautes-Maisons *en* 1870, *&, plus près de nous — hélas ! — cette ruée de* 1914 *qui vint nous surprendre, il y a cinq ans, en pleine paix, en pleine moisson, dans la quiétude naïve & dans l'oubli.*

Rivière aux bras enveloppants & dont le lent cours dessine, par méandres & par boucles, les détours les plus sinueux (Diderot eût dit les plus « tortueux » !) (¹) *& les plus*

(¹) *Du château de Grandval, appartenant au baron d'Holbach & sis à Sucy-en-Brie, auprès de Chennevières, devant la Marne, Denis Diderot écrivait à M*ˡˡᵉ *Volland : « Je les ai revus ces coteaux où je suis allé tant de fois promener votre image & ma rêverie, & Chennevières qui couronne la côte & Champigny qui la décore en amphithéâtre, & ma triste & tortueuse compatriote la Marne ». Né à Langres, Diderot ne nous dit pas pourquoi*

amples, la Marne, menacée tant de fois, au cours des âges, par les pires guerres, s'est redressée à chaque invasion, l'épée au poing, l'égide au bras. De là, dans son histoire (cette histoire si vivante d'un fleuve !) qui, depuis Langres jusqu'à Charenton auprès de Paris, se poursuit à travers tant de cités, le long de tant de campagnes, ces souvenirs touchants & naïfs des fées & des saintes, de là cette idée du « miracle », cette idée née dans le peuple, grandie dans la poésie & que la légende, tant de fois & tout près de nous, a mêlée à nos annales (¹).

---

la Marne est triste ; dans tous les cas elle ne l'est ni à Chennevières ni à Joinville, ce paradis des canotiers.

(¹) Sur cette pensée du miracle, que nous n'exprimons ici qu'au figuré, voici ce que l'un des vainqueurs principaux de ces grands jours, le général Maunoury, a déclaré par la suite à l'un des représentants de la presse : « J'ai souvent entendu poser cette question & m'en suis irrité : « Mais, comment se fait-il que, parvenus à quelques lieues de Paris, les Allemands se soient résignés, à la Marne, à une retraite générale qui leur faisait perdre d'un coup le bénéfice de leur félonie & aussi de leurs efforts du début ? » Mais, Monsieur, ils ne s'y sont pas résignés du tout ; il n'y a pas, là-dedans, le moindre miracle... ils ont reculé pour cette unique raison qu'ils étaient battus &, pour ne parler que de l'Ourcq, von Klück a reculé parce que, le 6 septembre, le général de Lamaze culbutait avec son

CHÂTILLON-SUR-MARNE (MARNE)
L'église après la seconde bataille de la Marne.

Cl. de la Sect. phot. de l'Armée.

*Si le bassin de Champagne est riche en ves-
tiges gallo-romains du plus beau style (porte
de Mars à Reims, arc triomphal à
Langres, etc.), il abonde aussi, en monuments
religieux de tous les âges ; & c'est ici, bien
souvent, que la fiction la plus obscure venant
se confondre à la vérité de la chronique, res-
plendit un peu partout, sur le sol champenois,
dans les vieilles pierres. Il n'est pas, à ce
point de vue, négligeable de s'arrêter, aux
marches de la Lorraine, à proximité des
Ardennes boisées,* devant tant de vestiges
primitifs de la croyance :* grottes des fées,
bornes des fées *dont les peuples celtes hono-
raient leurs dieux. La ferveur du Moyen âge,
en se répandant au pays des Lingons, c'est-à-
dire dans le Bassigny & le Vallage, à tous les
sanctuaires, embellit encore par la suite en les
purifiant ces souvenirs informes de la religion
de nos pères.*

---

*groupe de divisions de réserve le corps d'armée que von
Klück avait laissé aux environs de Meaux pour le cou-
vrir.* » (Interview du général Maunoury par M. G.
de Maizières (le Petit Parisien).

A Fontaine-sur-Marne, notamment, non loin de Saint-Dizier, se dresse dans un champ une pyramide de près de sept mètres d'élévation & de deux mètres à un mètre d'épaisseur, appelée la Haute-Borne *& dans laquelle, à défaut d'une borne romaine, on voulut voir un monument du temps des druides. La piété populaire, nourrie de complaintes, de vieux airs, des fables de l'âge antique & médiéval, inclina longtemps à considérer la* Haute-Borne *comme une sorte de palladium, d'emblème guerrier protecteur (nous avons dit :* d'égide) *apporté jadis, dans des temps imprécis, par une fée lorraine, au pays de Saint-Didier ou Dizier. Dans toute cette grande vallée d'un fleuve, véritable foyer de croyance, les saints, voire les prélats & les papes, se montrèrent dans tous les âges pour exalter la foi, en appeler à Dieu & garder le pays. Saint Loup & saint Alpin, notamment, qui donnèrent leurs noms à deux églises de Châlons-sur-Marne, s'avancèrent des premiers, sans faiblesse ni honte, inclinés sur la croix, au-devant d'Attila. Plus tard, en*

ESSÔMES-SUR-MARNE (AISNE)

L'eglise, monument historique, après le bombardement (1918)

amont de Châlons, non loin d'Epernay, à Châtillon-sur-Marne, Urbain II, le pape prudent & sage, lettré sorti de Cluny, devait se dresser à son tour pour prêcher la croisade (¹). Enfin, huit siècles après saint Loup & saint Alpin, deux siècles après le pape Urbain, dans la même vallée, parut le curé Foulques. C'est Foulques qui devait élever, à Neuilly-sur-Marne, cette église vénérable dont M. Emile Lambin a écrit fort justement qu'elle appartient, par son style, à cette grande école de l'Ile-de-France, cette « école dont Notre-Dame de Paris semble marquer le point de perfection » (²). C'est de Neuilly-sur-Marne que Foulques partit pour prêcher cette quatrième croisade d'un développement si fastueux & dont Geoffroi de Villehar-

-----

(¹) *La statue du pape Urbain II, par Roubaud, se dresse, auprès des ruines d'un château, en élévation, à Châtillon, au-dessus de la Marne.*

· (²) Gazette des Beaux-Arts (1ᵉʳ semestre 1902) ; l'Église de Neuilly-sur-Marne, *par* M. ÉMILE LAMBIN. *Le tombeau du curé Foulques existait dans l'église avant la Révolution.* « On l'y voyait couché sur son tombeau avec sa chasuble & son manipule, en habits sacerdotaux. »

douin devait précisément évoquer plus tard, en un langage allègre & clair, bien champenois ([1]), le mouvement guerrier & la « conqueste ».

Témoin de ces faits sublimes, la pierre-fée, la borne-fée de Fontaine-sur-Marne, s'en est trouvée comme embellie, transfigurée & rayonnante. & puis, le prodige voulut que, dans la première moitié du XVe siècle, elle se fît voir enfin, vivante à tous les yeux des hommes, cette sainte de la patrie, cette fée de la Lorraine & Pallas du christianisme, dont une mystérieuse image, élevée au-dessus de la Marne, dans un champ français, depuis si longtemps annonçait la venue !

« A Domremy, écrit en rapprochant des traditions de la Champagne celles de la Lorraine, M. Maurice Barrès, à Domremy, nous sommes enveloppés dans la vapeur de mystère où Jeanne se forma. Nous voyons agir en elle, à son insu, les vieilles imagina-

---

([1]) Villehardouin avait vu le jour au château de Villehardouin, auprès de Troyes.

RABELAIS

(D'après la gravure de Michel Lasne)

tions celtiques. Le paganisme supporte et entoure cette sainte chrétienne. La Pucelle honore les saints : mais, d'instinct, elle préfère ceux qui abritent, sous leurs vocables, les fontaines-fées ». (¹) *A Domremy en Lorraine, avait écrit déjà Michelet en son temps, Jeanne ou Jeannette aimait à s'en aller promener au Bois des Chênes. « Les fées hantaient ce bois, dit-il ; elles aimaient surtout une certaine fontaine près d'un grand hêtre qu'on nommait* l'arbre des fées, des dames ». *M. Anatole France, historien de la Pucelle, a donné, (d'après un vieux maître de l'Université de Paris) un nom à cette fontaine ; il l'appelle la* Fontaine-aux-Groseilliers *ou, ce qui est bien joli, la* Fontaine-aux-bonnes-fées-Notre-Seigneur.

Jeanne, en effet, aimait le Seigneur ; mais, elle aimait aussi les fées, les dames ; & ce n'est pas seulement « dans le petit jardin contigu au pourpris de l'église » de Domremy

―――――――――

(¹) MAURICE BARRÈS, Autour de Jeanne d'Arc, (1916).

que la fille de Jacques et d'Isabelle d'Arc venait converser avec les saintes ; mais, c'était aussi près de la fontaine. &, c'est là, non loin des eaux jaillissantes, qu'elle reçut sa mission ; là, qu'elle entendit les voix ; là que Monseigneur saint Michel, paré d'un riche armure, l'épée au poing, Madame sainte Catherine & Madame sainte Marguerite lui ordonnèrent d'avoir courage & compassion : courage pour aller à la guerre, vivre parmi les hommes d'armes, livrer bataille ; compassion pour ce royaume de France, le premier après celui du ciel, si dévasté & si meurtri.

Les voix de la Fontaine-aux-Groseilliers parlaient avec force ; elles parlaient aussi avec douceur. Charles Péguy, le poète-soldat, qui est venu tomber auprès de la Marne, dans son naïf & profond Mystère de la Charité de Jeanne d'Arc, *a fait dire à ces voix d'une vigueur si douce, si suave :* « sainte Geneviève, saint Aignan, saint Loup n'ont pas eu peur d'aller au-devant des armées païennes ». *Cela signifiait qu'il fallait que*

Jeanne y allât aussi à son tour, & fervem-
ment, gentiment, courageusement.

De fait, elle y alla si bien, sa mission s'ac-
complit avec tant de gloire que, de simple fille
des champs devenue capitaine d'armes, elle
mena bientôt le roi sacrer à Reims. Pour cela,
il était nécessaire qu'elle revît la Champagne
& franchît de nouveau la Marne. Une pre-
mière fois déjà, elle avait vu cette rivière, en
partant de Vaucouleurs pour se rendre à
Sainte-Catherine de Fierbois & à Chinon.
Elle évita, dit-on, cette fois-là, de passer au-
devant du château des sires de Joinville, l'en-
droit étant alors peu sûr, à cause des gens
d'armes ; & c'est seulement après avoir de-
mandé asile à l'Abbaye de Saint-Urbain, là
où l'on gardait les reliques du grand pape des
Croisades, qu'elle se résolut, après avoir ouï
la messe, à franchir la rivière au-devant
de l'Abbaye.

Mais, maintenant, Jeanne ou Jeannette
n'était plus cette villageoise qui avait parlé
aux saintes. Elle était la Pucelle guerrière.
Elle allait en avant des troupes, vêtue de blanc

& en armure, « son estendard esployé que por-
tait un gracieux paige, & avait sa hache pe-
tite en la main ». Quand elle se présenta devant
Troyes, aux remparts, sans coup férir la ville
tomba. Ceux de Troyes le firent savoir à ceux
de Châlons. « L'évêque-comte de Châlons vint
à Lettrée au-devant du roi & lui remit les clés
de la ville » (ANATOLE FRANCE). C'était la
marche sur Reims qui commençait. Le
14 juillet 1429, la Pucelle, menant le gentil
roi, se présenta devant Châlons, passa la
Marne & retrouva dans la ville quelques
habitants de son village, notamment l'un de
ses parrains, Jean Morel, laboureur à Dom-
remy auquel, assure-t-on, elle fit don d'une
robe rouge qu'elle avait portée. Après quoi,
toutes sortes de manifestations d'enthousiasme
& de loyalisme ayant eu lieu à Châlons,
l'armée, le roi & la Pucelle, l'étendard
toujours déployé & claquant au vent,
sortirent de la ville & chevauchèrent jus-
qu'à ce qu'ils vissent la rivière de Vesle. Ils
franchirent celle-ci au château des Sept-
Saulx & entrèrent dans Reims aux

cris mille fois répétés de : Noël ! Noël !

Mais, Jeanne ne voulait pas, le sacre accompli, abandonner tout à fait la Champagne. La Marne, de nouveau, la revit à Château-Thierry ; elle se présenta devant le Morin à Coulommiers ; enfin, à Provins, le pays des roses, si différent de celui de son enfance, elle longea la Voulzie. C'est même de Provins, où elle s'arrêta pour prier & souffler un peu après tant de gloire & de prodiges, qu'elle dicta la lettre célèbre à ses « chiers & bons amis les bons & loiaulx Français de la cité de Rains », pour les assurer de sa fidélité & protection. Ainsi, elle qui avait grandi à Domremy, dans l'ombre de l'église & qui, près de la Fontaine- aux- Bonnes- fées- Notre- Seigneur, avait parlé aux saintes, elle continuait d'être la vierge protectrice des rivières, la fée tutélaire des eaux, à la fois Marie & Mélusine.

De tant de grands & beaux souvenirs, d'images pieuses bien faites pour illustrer la Légende dorée *de la patrie, la province de Champagne a gardé les stigmates ; elle est restée à jamais sainte. Aussi, en* 1558, *quand le* Régiment de Champagne, *l'un des plus vaillant des* vieux corps, *se trouva constitué, le roi Henri II voulut-il lui donner pour drapeau cet étendard à fond vert, barré de la croix blanche, cette croix du pape Urbain et de la Pucelle dont l'emblème, jusqu'à la Révolution, flotta sur tant de champs de bataille de l'Europe* (¹).

Vallée de poésie, vallée de légende, transfigurée de tant de souvenirs, embellie de tant de prestige, la terre de Champagne, le sol d'Ile-de-France, arrosés par la Marne & ses

---

(¹) *Le régiment de* Champagne *était — de tous points — digne de porter, dans ses drapeaux, cette croix de la Pucelle. Comme Jeanne, ses soldats étaient braves, &, comme elle, ils préféraient la mort à la honte & au déshonneur. On le vit bien une fois que Turenne avait confié à un détachement du* Régiment de Champagne, *aux ordres du chevalier de la Ronsière, la défense du château de Wasselonne, en Alsace. Le prince Électeur, après avoir placé en batterie ses dix gros canons & bombardé Wasselonne pendant deux jours, envoya un parlementaire à Ronsière pour le sommer de se rendre.* « Nous voulons bien nous en aller, répondit Ronsière, puisque nous ne pouvons pas défendre plus longtemps cette bicoque ; mais nous ne voulons pas nous rendre ; nous sommes du régiment de Champagne. *Général* HARDY DE PÉRINI, Turenne & Condé.

affluents, tressaillent toujours de ces grands faits, au son des cloches. De la vieille tour de Hautefeuille *à Chaumont-en-Bassigny à la la lanterne, la* guette *de notre-Dame de Châlons d'où la vue est si belle* ([1]), *de la tour Balkan de Château-Thierry au clocher de Saint-Mammès de Langres, à celui de Saint-Étienne de Meaux où monta Bossuet, des clochers plus humbles mais non moins vénérables de Vignory, d'Essomes, de Jouarre* ([2]), *au long de tout le parcours de tout le vaste & sinueux cheminement des eaux, de tous temps ont monté les hymnes, se sont*

([1]) « *La ville, la Marne & les collines sont belles à voir de là.* » (VICTOR HUGO, Le Rhin : Lettre III).

([2]) VIGNORY (*dans la Haute-Marne*) ; *l'église y est une curieuse basilique romane, dont la restauration, provoquée par Prosper Mérimée, est due à Bœswilwald. L'église d'*ESSOMES-SUR-MARNE (*Aisne*), *l'une des plus cruellement atteintes par les combats meurtriers qui se livrèrent, autour de Château-Thierry, en 1918, a été élevée au XIII*[e] *siècle : les boiseries des stalles, les sculptures de la chaire, de chêne massif, y étaient fort remarquables. A* JOUARRE (*Seine-et-Marne*), *le clocher est plutôt une tour qu'un clocher : cette tour, surmontée d'une flèche en ardoises, domine le plateau au-dessus du Petit-Morin : les eaux de cette rivière, de Saint-Cyr-sur-Morin à la Ferté, serpentent au bas du plateau, dans un gai paysage.*

exhalées les prières.&, dans les siècles des siècles, les abbayes, les moûtiers, asiles ineffables, n'ont cessé d'envelopper de leur paix accueillante, de placer sous leur protection, tous ceux que rebutaient le monde & ses lois : les docteurs, les savants, les sages.

Rabelais, Rabelais lui-même, l'érudit, le plaisant, le philosophe, l'écrivain si savoureux & si profond, ne rencontra guère de repos, durant sa vie errante, qu'à l'ombre légère de Notre-Dame-des-Miracles, en cette abbaye bénédictine de Saint-Maur-des-Fossés où la tradition veut qu'il écrivit Pantagruel. A cet endroit du fleuve, la Marne, en partant de Saint-Maur, décrit devant Chennevières, en passant par Bonneuil & rejoignant Créteil, une large boucle ; & c'est à l'intérieur de cette boucle, dans une sorte d'île bien faite pour lui rappeler l'Isle sonnante des Romains que Rabelais vécut, goûtant, pour le comparer à celui de son cru natal, ce vin pineau de Marne, que, depuis Epernay, lui apportaient les bateliers. « Un paradis de salubrité, aménité, sérénité, commodité, délices, & tous honnêtes

*plaisirs d'agriculture & de vie rustique »,
voilà comment le vieux maître, qui avait tant
aimé la Vienne à l'Ile Bouchard & le Tibre à
Rome, appelait ce paysage de son choix, au
bord de la Marne, devant Saint-Maur.*

*Ici encore, pour plaire à ce cœur épris de
la nature & des petites fleurs & des belles-
lettres, les cloches bénédictines, les cloches qui
avaient tinté pour les fées, pour les saintes,
qui avaient, tout le long de la rivière, sonné
pour le pape Urbain, pour Jeanne d'Arc &
pour Charles VII, sonnaient maintenant, à
matines & à laudes, pour maintenir « maître
François », homme docte & disert s'il en fût,
dans cette gaîté qui orne l'esprit & cette sa-
gesse qui ennoblit & fleurit l'âme.*

PILON

L'ARRÊT SUR LA MARNE. — L'ENNEMI EN
RETRAITE. — LA MARNE DU RÉCUEILLE-
MENT & DU SILENCE. — LA PAIX DES
TOMBES.

Pour protéger la France du Nord, menacée
si souvent par l'invasion, Vauban, depuis
Lille, jusqu'à Maubeuge & à Longwy, avait
dressé ce grand système de places que lui-
même appelait la Barrière d'airain. Mais ici,
dans cette région, la nature plus prévoyante,
pour barrer le chemin de Paris à l'est, couvrir
la Champagne & sauver l'Ile-de-France, a
placé cette barrière mouvante des eaux, cette
barrière au-devant de laquelle vinrent se bri-

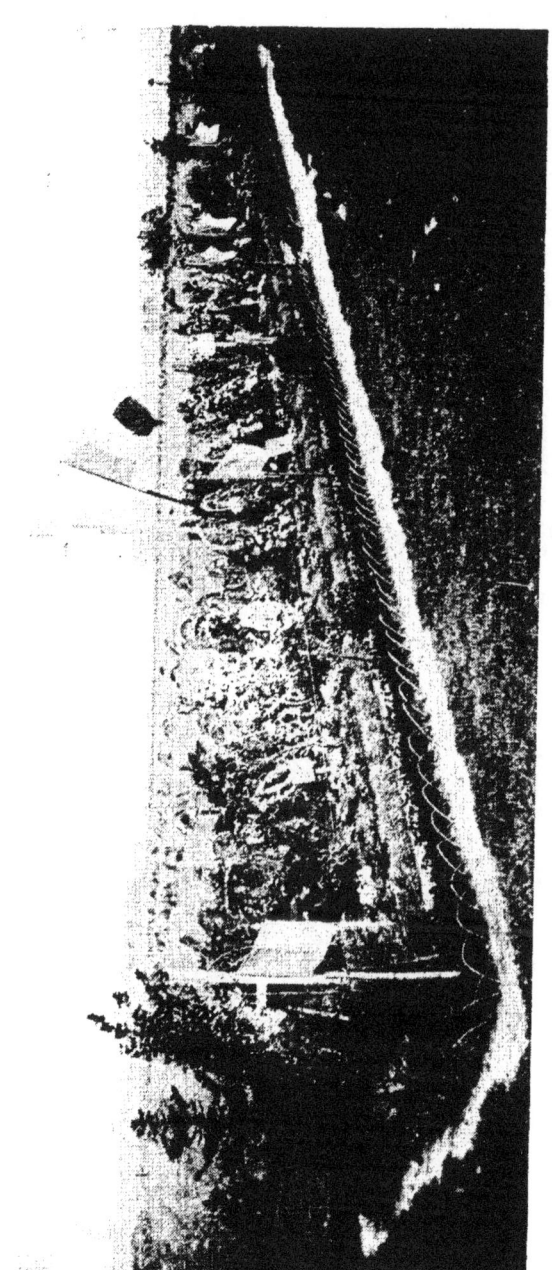

LA GRANDE TOMBE DE VILLEROY

Route de Neufmontiers-lès-Meaux à Villeroy.

ser, *tant de fois dans les siècles, les assauts d'un ennemi furieux, toujours le même* (¹).

*Depuis l'invasion des Huns, dont Michelet nous dit qu'elle fut arrêtée ici, au V*ᵉ *siècle, près de la Marne, aux* champs catalauniques, *jusqu'à ces jours si proches de* 1914-18, *les eaux de la Marne & de l'Ourcq son affluent, les eaux de l'Aisne, de la Suippe & de la Vesle ses sœurs opposèrent, chaque fois, un fossé, une douve suprême, infranchissable. En* 1650, *notamment (pour n'emprunter que cette seule date aux guerres de la monarchie) la France se trouva envahie, jusqu'au cœur de la Champagne, par des bandes de reîtres, des hordes à la solde de l'empereur. Et voici, pour mémoire, la décision que le cardinal Mazarin, devancier en cette circonstance des Gallieni, des Maunoury & des Gouraud, prit déjà en son temps, Jean de La Fontaine (depuis trois ans*

(¹) *Toujours le même n'est pas* **tout-à-fait** *exact.* « Les Huns, *dit en effet la légende,* traversèrent la ville de Troyes sans même toucher à une poule ». *Il n'y a pas apparence que les Allemands, au cours de cette guerre, en usèrent avec une* **pareille** *modération.*

déjà !) à Château-Thierry étant Maître des Eaux. « Ordre, *disait expressément le cardinal,* ordre à M. Desprez, bailli de Château-Thierry, de rassembler la noblesse des environs pour empêcher à nos ennemis le passage des rivières. »

Ce passage, ce lieu guéable, accessible à leurs pontonniers et à leurs chevaux, les Allemands, par deux fois dans la dernière guerre, tentèrent en vain de le forcer, ou l'ayant forcé, de s'y maintenir. Par deux fois devant la Marne, en 1914 *et* 1918, *leur défaite fut écrasante. L'admirable est qu'ils n'acceptèrent jamais, pas plus la seconde fois que la première, de convenir d'un échec dont dépendait, pour eux comme pour nous, l'issue de la guerre.*

Le 16 *septembre* 1914, *le « correspondant badois » du journal suisse les* Basler Nachrichten, *qualifiait bonnement de « simple retour de la Marne jusqu'à des positions d'attente fortifiées d'avance », le recul de von Klück. Et, pour l'échec de* 1918, *plus décisif, plus complet encore, s'il est possible,*

CHÂTEAU-THIERRY
La tour Balhan (ancien beffroi)

que celui de 1914, *l'agence* Wolff *poussait le cynisme jusqu'à oser écrire :* « *La traversée de la large rivière que les Allemands viennent d'effectuer* pour la deuxième fois, *sans que l'ennemi se soit aperçu de rien, constitue un nouveau et magnifique fait d'armes.* Les buts que la poussée allemande se proposait sur la rive sud de la Marne ont été pleinements atteints... »

Ce que Wolff ne dit pas, mais ce que le monde entier apprit bientôt à connaître, c'est que cette fameuse traversée, entreprise sous un feu implacable, n'avait pas tardé à se transformer en déroute. « Le passage de la Marne est un enfer » *avait écrit, dans son carnet de campagne, l'un des officiers de l'armée von Boehm fait prisonnier ; et, la poursuite de l'ennemi, menée en cet endroit du côté français par les soldats de l'armée Degoutte, avait été poussée avec une ardeur telle qué les Allemands avaient dû, après avoir essuyé devant Château-Thierry, Fossay et Mont Saint-Père, des pertes cruelles, se replier sur Bézu et sur*

Jaulgonne, à plus de sept kilomètres du pays de La Fontaine.

Ainsi les rivières, de nos jours comme au temps de Mazarin, de Turenne, continuaient de jouer, dans cette région, le rôle de tranchées, d'opposer aux coups imprévus, soudains, leur égide défensive. A toute époque, et dans chaque siècle, l'arrêt des eaux, dans cette vallée a fait obstacle. L'arrêt sur la Marne : *voilà précisément le titre, si complètement exact en ces trois mots, que François Porché a donné au poème écrit par lui en l'honneur des braves (& de Péguy au premier rang), qui tombèrent en* 1914, *au bord de ces eaux salvatrices de la Marne & de l'Ourcq à jamais saintes.*

Château-Thierry, la Ferté-Milon, Meaux : il y a ici, entre les trois points de ce grand triangle, un verger unique, un jardin incomparable : le verger où naquirent les Fables, *le jardin où prirent forme les* Tragédies, *où les* Sermons *s'élevèrent en un ordre puissant.*

« Donnez-nous les clés du jardin
Qui descend vers la Meuse et les plaines de France. »

Cl. de la Sect. phot. de l'Armée.

MARCILLY (Seine-et-Marne)

Tombes des artilleurs auprès du village (1914).

& c'est pour envahir ce verger, saccager ce jardin, que frappant au point le plus délicat, le plus sensible, les Barbares attaquèrent, par deux fois, à Château-Thierry, à la Ferté, à Meaux. Au nord de Meaux, là où le pays, la contrée entière n'est plus que sillons, granges, meules, aires à recueillir & battre le grain, le poète de l'Arrêt sur la Marne *a situé le champ principal du combat :*

... vous, larges plaines couvertes
De sacs, de bidons, de képis,
Chaumes dorés & vignes vertes
Où les nôtres s'étaient tapis,
De quel poids seront les épis
Qui vont demain garnir vos granges ;
De quel prix sacré vos vendanges.

Ainsi a chanté avec toute sa force, avec toute son âme, devant ce domaine du miel, du lait, du pain & du raisin, devant ce pâturage & ce verger de la Brie & du Multien, si vaste & si profond, le soldat-poète !

A présent la Marne, en lacets de moire & rubans d'argent, ses eaux alternant entre

les ceps & les épis, continue à couler en ferti-
lisant les prairies, en baignant les collines.
« Un horizon de petites collines humbles &
souriantes, une plaine fertile & régulièrement
cultivée, un vieux moulin perdu dans les
saules, une ligne de grands peupliers, une ri-
vière nonchalante, herbeuse, résignée à de
continuels détours » voilà ce qu'est (selon
M. André Hallays), entre Meaux et Ger-
migny, non loin de Varreddes, le paysage de
ces bords (¹).

En son temps déjà, Bossuet, aigle *de*
Meaux & châtelain de Germigny, avait res-
senti ce charme, éprouvé cette quiétude. Du
moins, il en a fait une fois l'aveu. C'est dans
ce passage rustique, extrait de l'un de ses
Sermons *où le noble évêque, le grand re-*
ligieux séduit par toutes ces beautés, ce
décor exquis & si nuancé, tout virgilien, se
laisse, en regardant la Marne avancer &
glisser entre ses rives, doucement aller à
écrire combien il « goûte le succès des arbres »

(¹) ANDRÉ HALLAYS, En flânant : Autour de
Paris.

Jacobus Benignus *Bossuet Episcopus*
Meldensis Comes Consistorianus antea jerenissimi Dalphini Prae ce
ptor et primus serenissimae Ducis Burgundiae Eleemosinarius

BOSSUET, ÉVÊQUE DE MEAUX
(Gravé par Edelinck, d'après Rigaud.)

qu'il a entés dans son jardin, « l'accroissement des blés, le cours d'une rivière ».

Ainsi, lui qui a chanté la mort dans ses Oraisons, qui l'a vue tant de fois, comme une grande déesse lui apparaître, il a été sensible, plus qu'on ne peut croire, à ces images des arbres, des blés drus & vivants, des eaux. Lui qui parlait au-dessus des tombes, il a pressenti qu'ici les tombes seraient belles. &, de fait, depuis Epernay (¹), depuis Châlons, jusqu'à Meaux & Barcy, dans ce grand paysage familier, dans cette fertile Champagne, dans cette Brie féconde, devenues le verger du recueillement & du silence, au seuil de l'Ile-de-France, il y a maintenant, depuis la guerre, autant de tombes que de meules. Chaque année désormais, à chaque fois que revient l'anniversaire des grands jours de 1914-18, la campagne à perte de

_____

(¹) *Les armoiries d'Épernay, les plus parlantes, les plus vivantes du vieux blason de nos cités, sont* « de gueules chargées de trois roses d'argent ». &, *ces roses, parfumées de souvenirs, embaumant l'air au-dessus de la Marne, je les vois au vent du soir, s'effeuillant sur les morts.*

vue, dans tout ce domaine, au long de la Marne, n'est pas seulement un champ de labour, c'est aussi un cimetière, un cimetière immense où, de toutes parts, comme jaillis du sol, s'élèvent en se mêlant les croix & les drapeaux.

INDEX DES LIEUX CITÉS

(Les noms des rivières sont en italiques)

TABLE DES MATIÈRES

SAINT-AMAND (CHER). — IMPRIMERIE BUSSIÈRE

ÉDITIONS BOSSARD, 43, rue Madame, PARIS-VIe

Collection in-16 Bossard. *Série Rouge.*

F. JEAN-DESTHIEUX. — **L'Évolution Régionaliste.**
Préface de M. Ch. LE GOFFIC. 4 cartes . . . **3 fr. 90**
GONZAGUE TRUC. — **D'une organisation intellectuelle
du pays.** Prix. . . . . **2 fr. 40**

Collection in-16 Bossard. *Série Bleue.*

JEAN AJALBERT. — **L'Heure de l'Italie.** 8 planches
hors texte . . . . **3 fr. »**
DU MÊME : **Le Maroc sans les Boches.** 1 planche hors texte,
fleurons et culs-de-lampe dans le texte . . . **3 fr. »**
GABRIEL ARBOUIN. — **Les Nations d'après leurs
journaux** . . . . **2 fr. 40**
ROLAND BRÉAUTÉ. — **Un Universitaire aux
Armées.** . . . . **4 fr. 50**
A. CHABOSEAU. — **Les Serbes et leur Épopée natio-
nale.** Préface de M. MILENKO R. VESNITCH, Ministre du
Royaume-Uni des Serbes Croates et Slovènes . **3 fr. »**
FRANCISCO CONTRERAS. — **Les Écrivains hispano-
américains et la Guerre Européenne** . . . **1 fr. 50**
GASTON ESNAULT (agrégé de grammaire). **Le Poilu tel
qu'il se parle.** Dictionnaire des termes populaires récents
et neufs, employés aux Armées en 1914-1918, étudiés dans
leur étymologie, leur développement et leur usage (600
pages) . . . . **7 fr. 50**
HENRI MALO. — **Un Tour sur le Dogger Bank.** Les
Pêches Maritimes. 8 planches hors texte. 1 plan. **3 fr. 90**
EDMOND PILON. — **Sous l'Égide de la Marne.** 32 pl.
hors-texte. Prix . . . . **3 fr. 90**
ÉMILE RIPERT. — **Au Pays de Joffre.** 1 portr. **3 fr. »**
GONZAGUE TRUC. — **Charles Maurras et son
Temps.** . . . . **1 fr. 80**
DU MÊME : **Calliclès ou les nouveaux Barbares.** Dernier
dialogue platonicien . . . . **1 fr. 80**
L'ABBÉ WETTERLÉ. — **Au service de l'Ennemi** **2 fr. 40**
GEORGES AIMEL. — **Travaillons donc à bien
penser.** . . . . **3 fr. »**
COMTE BEGOUEN. — **Chez les Yougoslaves, il y a
32 ans.** Préf. de M. LOUIS LÉGER, de l'Institut. **3 fr. 60**

*Les ouvrages des « Éditions Bossard » ne subissent aucune
majoration de prix.*

IMPRIMERIE BUSSIÈRE. — SAINT-AMAND (CHER).

CPSIA information can be obtained
at www.ICGtesting.com
Printed in the USA
BVHW040826110219
539952BV00005B/109/P